지금은
집을 지을 시간

지금은
집을 지을 시간

이종건

차례

가난한 영혼의 집

"내 영혼의 집은 좁아 당신이 들어올 수 없습니다. 집을 넓게 해주소서. 집이 폐허 상태입니다. 당신이 복구해주소서. 당신의 눈에 거슬릴 수밖에 없는 것이 집에 많습니다."[1]

아우구스티누스가 「고백록」에 쓴 글이다. '영혼의 집'이라는 말이 마음에 턱 걸릴지 모르겠다. 지금 여기 우리의 생활 세계는 '영혼'이라는 말이, 그에 따라 '영혼'에 대한 생각이 오래전에 종적을 감췄기 때문이다. 우리 현실 세계에 '영혼' 따위는 아무짝에도 쓸모없다고, 아마도 도리어 거추장스럽고 방해된다고 여기기 때문이리라. 군사 독재 시대와 함께 이른바 우리 사회 큰 어른이라 불리는 정신의 지도자들이 다 사라지고 그들이 남긴 의식의 공백을, 자본주의 경제 체제와 포스트모더니즘 문화이론이 채워버린 탓이다. 의식을 책임져야 할 이 땅의 종교, 철학, 예술 등 이른바 인문학이라 불리는 문화 영토가 시장에 맥없이 흡수돼 생명과 삶의 환경을 책임지는 집(살림) 또한 상품(부동산)으로 전락한 지 오래다. 인간을 자원으로 생각하는 일은 실로 끔찍한

일이다. 우리는 언제부턴가 '교육인적자원부'라는 명칭 앞에 충격이나 반감은커녕 아무 느낌이 없다. 이성의 폐단을 맹렬히 공격하며 몸(감각)을 이성의 자리에 앉힌 포스트모더니즘 논리가 우리의 의식을 물들인 것은 순전히 우리의 이성이 그만큼 미성숙했기 때문이다. 우리는 지금까지 문제가 될 수준의 이성에 도달한 적이 단 한 번도 없다.

세상은 늘 어지럽고 불안정하다. 갈등과 싸움이 그치는 법이 없다. 그런 와중에 한국 경제력은 일본에 육박할 만큼 성장했다. 우리 모두 영혼의 문제는 뒷전에 팽개친 채 혹은 망각하거나 처분한 채 오직 경제성장만 몰두하며 달려온 결과가 아닐까? 경제(메피스토펠레스)에 영혼을 바친 보상이 아닐까? 기술과 경제가 주도하는 세계에 영혼의 자리는 정녕 없는가? 영혼은 정말 쓸모없는가? 우리는 영혼 없이도 제대로 잘 살 수 있을까?

"난 그때가 좋았어요. 솔직히. 그땐 오염되지 않았거든." 얼마 전에 본 강상우 감독이 만든 다큐멘터리 〈김군〉을 보며 들은 한마디가 아릿하다. 우리 중 누가 그런 적이 없을까. 춥고 가난했지만 참으로 순정했던 마음의 기억이. 순수한 감정으로 설렜던 아련한 추억이. 오래전 친구들과 함께했던 바다가, 차갑지만 맑은 공기가, 벌레 소리와 풀냄새가 그립다. 이 책은 영혼이 쪼그라든 부박한 시대를 견디기 위해 혹은 진실로 인간적인 삶을 살아가기 위해 순수했던 그때를 그리워하며 생각을 추스른 기록이다. 비록 물질은 가난하나 정신이 부요한 삶을 위해.

○ 1부 | 집

집이 없는 사람들

"지금 집이 없는 사람은 앞으로도 집이 없을 것입니다." 시인의 대명사로 불리는 독일의 시인 릴케$^{Rainer\ Maria\ Rilke}$가 「가을날」에 쓴 문장이다. '지금' 집이 없는 사람은, 그가 누구든, 영원히 집이 없을 것이라는 릴케의 말은, '지금'이라는 시점을 상념하지 않고서는 좀처럼 이해하기 어렵다.

그렇다면 '지금'은 무슨 시점인가? 그것은 무엇을 뜻하는가? 시의 제목이 '가을날'이니 릴케가 언급하는 '지금'은 가을이겠다. 가을은 가을이되 시어詩語이니 인생의 가을로 풀이할 수 있겠다. 그리하여 그동안 살아온 삶들로부터 거둘 수 있는 모든 것을 추수해 노년(길고 추운 겨울)의 삶을 살아내야 할 때로 생각할 수 있겠다. 삶은 단 한 번 사는 것이니 농사 지을 기회는 더는 없다. 그러므로 노년의 삶은 '지금' 추수하는 것으로 살아내야 하리라. 집도, 함께 살아갈 벗도, 지금 있는 그대로 여생을 보내야 하리라. 지금 집이 없는 자는 집이 없는 대로, 지금 홀로 있는 자는 홀로, 그렇게 삶을 마치는 날까지 살아가야 할 것이다. 우리의 삶은 끝없는 '지금'의 연속이지만, 가을 이후의 삶은 가슴 아프게도 '지금' 곧 삶의 가을에 구속된다.

'지금'이라는 시간은 아우구스티누스에게 '영원'이다. 아우구스티누스는 「고백록」에서 진실로 존재하는 것은 현재밖에 없다고 했다. 과거는 '기억하는 현재'며, 현재는 '목격하는 현재'며, 미래는 '기다리는 현재'기 때문이다. 그에 따르면 시간은 의식의 구성물이다. 오직 '의식'으로써 성립한다. 기억이나 기다림이나 주목은 오직 의식(생각)에 의해 출현하는 사태기 때문이다. 따라서 우리가 무엇을 기억하거나 기다리거나 주목함으로써 실재하게 되는 '지금'은 시간이 열리는 시간이다. 과거와 현재와 미래가 나타나는 시간이며, 그로써 일상적 시간(크로노스)에서 벗어나 시간을 살아가는 시간(카이로스)이다. 그러므로 시간이 실재하는, 곧 양적量的 시간이 아니라 질적質的 시간인 '지금'은 '영원'에 맞닿은 시간이라 할 수 있겠다. 20세기의 천재 철학자 비트겐슈타인은 이렇게 말했다. "우리가 영원을 무한한 시간적 지속이 아니라 무無시간성을 뜻하는 것으로 받아들이면 영원한 삶은 현재 속에 사는 이들에게 속한다." 시간이 오직 '지금' 실재한다면, 그리고 우리의 삶은 탄생과 죽음 사이의 시간을 사는 것이라면, '지금'이야말로 삶의 실체라고 할 수 있겠다. '지금' 집이 없는 사람은, 영원히 집이 없다는 릴케의 말은 이 맥락에서 가슴에 와닿는다.

집은 우리가 인간적 삶을 영위하는 데 필수다. 지구라는 행성에서 얼마나 오래 혹은 짧게 살든, '인간적으로' 살아가는 데 일차적으로 필요하다. 한국인의 태반이 남의 집을 빌려 사는 형편이지만, 반지하 방 하나 없이 살아가는 일은 무척 어렵고 고단하다. 집 없이 사는 것은 '인간적인' 삶이 불가능하다고 말하는 편이 옳겠다. 집은 실존의 일차적 조건이기 때문이다. 그러니 국가가 모든 힘을 다해 그것을 책임져야 할 텐데, 정책만 제대로 세우면 모든 사람이 집을 가질 수 있을 것 같은데, 한국의 정치가들은 생각조차 하지 않는다. '지금'이 삶의 실존을 떠받치고 삶의 내용을 구성하는 시간이라면, '지금'은 우리 모두 집을 지어야 할 시간이라고 할 수 있겠다. 그런데 집이란 무엇인가?

집은 무엇인가?

집은 우리가 거주하는 장소이자 공간이다. 그렇다면 거주란 무엇이며, 장소와 공간이란 또 무엇인가? 이 질문에 대한 답변은 조금 뒤에 찾아보기로 하고, 우리는 왜 집이 필요한지 잠시 생각해보자. 우리가 인간적으로 사는 데 집이 왜 필요한가? 그리고 인간적으로 산다는 것은 무엇인가?

우리가 인간적으로 산다는 것은 우리가 다른 이와 '더불어' 살고 싶은 대로 자유롭게 사는 것을 뜻한다. 그렇다면 '살고 싶은 대로'란 무엇인가? 널리 수용된 매슬로우^{Abraham Maslow}에 따르면 인간은 다섯 가지 욕구를 지닌다. 인간으로서 (온전히) 산다는 것은, 곧 그 다섯 가지 욕구를 해결(실현)하며 사는 것이라고 할 수 있겠다. 매슬로우의 다섯 가지 욕구는 다음과 같이 일정한 단계를 형성한다. 첫 번째, 먹고 배설하고 자는 생리적 욕구다. 이것은 살아 있는 모든 존재, 특히 동물과 다르지 않다. 두 번째, 안전의 욕구다. 위해^{危害}를 피해 생명을 유지하고자 하는 동물적 본능이다. 세 번째, 사랑과 소속의 욕구다. 네 번째, 존경의 욕구다. 이 두 욕구 또한 동물도 어느 정도 가졌지만, 특히 헤겔이 정식화한 인정 욕망은 인간의 역사를 추동해온 힘이다. 마지막으로 자아실현, 곧 우리 모두 각자 지닌 잠재적 역능을 온전히 발휘해 자신이라는 존재의 꽃을 피우고자 하는 욕구다. 다섯 가지 욕구는 신체적인 것과 정신(심리)적인 것으로 나뉜다. 집이 필요한 것은 집 없이 처음의 두 차원의 욕구를 해결하기 어렵기 때문이다. 역사적 인물 가운데 '홈리스'로 온전한 인간의 삶을 산 사람은 싯다르타, 예수, 그리스의 철학자 디오게네스^{Diogenēs} 등 극히 소수다.

집의 원형은 몸을 피하는 은신처다. 집은 일차적으로 추위와 더위 등 자연뿐 아니라 위협이나 공격 등 타자(들)에게서 올 수 있는 물리적으로 불쾌하거나 위험한 힘들로부터 지켜준다. 집은 우리를 그렇게 외부로부터 지켜줘 편안하게 할 뿐 아니라 세상을 살아나가기 위해 필요한 에너지를 충전하는 곳이다. 집은 우리를 지켜주는 벙커인 셈이다. 이것이 시사하는 것은 집 바깥의 세상은 전쟁터라는 사실이다. 세상은 인정 욕망에서 비롯하는 시기와 질투, 경쟁을 위한 싸움, 단순히 이익이나 쾌락을 위한(약자에 대한) 사냥과 공격 등 실로 전쟁터를 방불한다. 그러니 우리는 전쟁을 잘 치를 (나를 잃지 않고 지킬) 뿐 아니라 전쟁의 목적을 얻어내기 (내가 살고자 하는 삶을 살기) 위한 베이스캠프가 필요하다. 집은 그것을 위한 기지^{基地}다. 집이 있는 까닭에 우리는 불안과 소란 혹은 싸움으로부터 벗어나 지난 시간을 추억하며 앞으로 도래할 무엇을 꿈꾸고 기다리는 시간의 존재가 된다. 나로 머물며 너(타자)와 함께 사랑과 인정을 지어나간다. 마침내 한 송이 꽃으로 피어나기를 꿈꾼다. 문득 우리는 따뜻하고 화창한 어느 날 아침 혹은 비 내리는 어두운 저녁, 거울 앞에서 피다 만 초라한 모습을 아프게 확인한다.

집과 거주는 어떤 관계인가?

널리 전해 내려오는 이야기에 따르면 디오게네스는 집 없이
도 충만한 삶을 살았다. 그가 그리할 수 있었던 것은 자신이
세운 단단한 삶의 철학 덕분이다. 그는 그로써 모든 세상사
로부터, 그뿐 아니라 자신의 욕심과 부끄러움으로부터 벗어
나 양파와 물을 먹으며 89세까지 자유롭고 행복한 삶을 살
았다. 미국의 시인이자 철학자 소로^{Henry D. Thoreau}의 자연스런
삶과 법정 스님이 추구하고 실천한 무소유의 삶의 양식이
그것에 가깝다. 소로와 법정은 작은 오두막집에서 살았으
니 우리와 같은 범인들이 그나마 흉내라도 낼 수 있는 삶의
양식이다.

광화문 케이티빌딩을 설계한 이탈리아의 건축가 피아노^{Renzo}
^{Piano} 또한 그러한 '극소極小의 집'을 학생 때부터 동경했다. 그
리하여 그는 '프리츠커상'을 포함해 최고의 건축 상들을 받
고 대가의 반열에 오른 2009년(73세)에 비로소 한 평 조
금 넘는 크기의 집 디자인을 발표했다. 그리고 비트라^{Vitra} 가
구회사 회장 펠바움^{Rolf Fehlbaum}의 제안과 의뢰로 그것을 두

평 남짓 크기로 수정해 독일 비트라 캠퍼스에 〈디오게네스 Diogene〉라는 이름으로 지었다. 피아노의 〈디오게네스〉는 극도로 작은 공간으로 삶의 모든 용도를 수용한 것도 흥미롭지만 태양 전지 패널, 빗물, 정화 체계 등을 이용해 외부의 어떤 도움 없이도 기능할 수 있다는 것, 그런 까닭에 언제든 어디로든 자유롭게 이동할 수 있다는 것도 그에 못지않게 흥미롭다.

디오게네스가 노숙자로서, 그리고 소로와 법정이 작은 오두막집에서 만족스럽게 살 수 있었던 것은 그들이 '영혼의 집'을 가졌기 때문이다. 이들에 따르면 진정 자유롭고 기쁜 삶은 세상의 논리나 가치가 아니라 오직 자기 자신의 내적 요구에 충실할 때 주어진다. 그리하기 위해 세상의 힘들로부터 자신의 영혼을 지킬 마음의 집이 필요하다. 어떤 이는 사리에 근거한 이념 혹은 철학을, 어떤 이는 종교나 초월성을, 어떤 이는 특정한 윤리를, 어떤 이는 사랑을 집으로 삼는다. 극우라 불리는 사람들이 대개 그러한데 국가(자신을 능가하는 큰 존재)를 집으로 삼는 노구老軀가 적지 않다. 태극기와 성조기를 앞세운 채 기성 권력에 맞서는 사람들에게 국가주의는 영혼을 확인하는 집이다. 실존의 노숙자(공허한 삶)로 전락할 위험에서 지켜주는 영혼의 집이다.

물리적인 집과 영혼의 집은 종종 반비례의 관계다. 디오게네스는 집이 필요 없을 정도로 정신이 위대했으며, 소로와 법정의 집이 작은 것은 그만큼 정신이 컸다는 점을 가리킨다. 따라서 이렇게 말할 수 있겠다. 집(의 크기와 형식과 내용)은 거기에 거주할 이가 살아나갈 삶의 양식, 곧 어떻게 살지에 따른다. 한 인간이 어떤 삶을 살았는지는 삶의 형식(스타일), 곧 자신에게 주어진 삶을 어떻게 살았는지에 따라 결판난다. 따라서 이렇게 뒤집어 말할 수 있겠다. 집의 크기와 형식은 집의 내용을, 그리고 삶의 내용을 형성한다.

소로와 법정, 그리고 피아노와 르코르뷔지에가 작은 집을 열망한 것은, 그들은 그러한 형식의 집으로써만 자신들이 살고자 하는 삶을 제대로 살 수 있다고 믿었기 때문이다. 집은 그렇게 삶의 양식과 맞물린다. 그러므로 집을 짓기 위해 거주하는 법을 먼저 배워야 한다. 이것은 정확히 20세기의 가장 영향력 있는 철학자 하이데거가 자신의 깊은 사유를 통해 우리에게 권고한 말이기도 하다. 1951년 9월 이른바 '다름슈타트 강연'에서 친 나치 행적으로 퇴임한 하이데거는 전쟁 후유증으로, 심각한 주거 부족으로 고통받는 상황을 해결하는 데 도움을 얻고자 모여든 건축가들에게 이렇게 말했다. "건물 (짓기)의 본질은 거주하도록 하는 것이다. … 모든 건물 (짓기)이 거주는 아니다. … 우리는 좋은 이유로 모든 방면에서 주택 부족에 대한 이야기를 듣는다. … 진짜 곤경은 … 인간이 거주하는 법을 배워야 하는 데 있다. … 인

간의 집 없음은 인간이 여전히 거주의 진짜 곤경을 곤경으로
생각하지 않는 데 있다."[2]

집은 장소인가 공간인가?

집은 장소인가 공간인가? 그 전에 장소란 무엇이며 공간이란 무엇인가? 그리고 장소와 공간은 어떻게 다른가? 장소의 전형은 집이다. 집은 일차적으로 장소라는 말이다. 집은 사랑이 최후로 머무는 곳이기 때문이다. 20세기 가장 중요한 미국 시인 중 한 사람인 커밍스^{E. E. Cummings}는 「사랑은 하나의 장소다」에서 이렇게 썼다. "사랑은 하나의 장소다. 이 사랑의 장소를 통해 사랑이 (평화의 광휘로) 모든 장소를 움직인다." 집은 우리가 사랑하기 위해 정박하는 곳이다. 세상으로부터 물러나 사랑하는, 사랑하기 위해 긍정의 에너지를 (재)충전하는 곳이다. 사랑의 힘은 오직 사랑으로부터 나온다. 사랑은 하나의 장소다. 우리는 최후의 장소인 집을 통해 모든 장소를 움직이고 모든 세계를 산다.

공간은 그와 달리 우리를 불안과 소외감으로 물들게 한다. 공간에는 장소성이라 부를 수 있는 것이 없기 때문이다.『팡세^{Pensées; 명상록}』의 저자로 널리 알려진 수학자, 물리학자, 철학자, 신학자였던 파스칼^{Blaise Pascal}은 공간이 "경악"스럽다고 했으며, 현존하는 탁월한 문학 비평가이자 마르크스 정치 이론가 제임슨Fredric Jameson은 "재현할 수 없는 것"을 공간으로 명명한다. 한마디로 공간은 '가늠할 수 없는 혼돈'이다. 하이데거에게 공간은 "인간을 불안의 지점까지 경외로 압도하는" 어떤 나타남이다. 나는 다른 책에서 이렇게 썼다. "집처럼 우리를 안온케 하는, 구체적으로 규정지어져 질서 잡힌 '장소'와 달리 '공간'은 무한하고 추상적이어서 규정할 수 없다. … 바로 그러한 까닭에 공간이란 우리의 모든 움직임을 가능하게 하는 새로운 지평이 끊임없이 열리는 카오스라 할 수 있다."3 무無규정적인 공간은 장소와 달리 이름이 없다. 따라서 이렇게 말할 수 있겠다. 장소는 우리가 편히 살아갈 수 있기 위해 길들인 공간이다.

그런데 이론과 달리 실제의 삶에서는 장소가 공간에 선행한다. 장소가 확보돼야 편히 공간으로 나아갈 수 있기 때문이다. 장소가 잡혀야 공간을 받아들일 마음을 열 수 있기 때문이다. 따라서 이렇게 말할 수 있겠다. 장소는 공간에서 출현하지 않는다. 오히려 장소가 공간을 나타나게 한다. 우리는 공간이 아니라 장소에서 태어난다. 그리고 공간으로 나아간다. 장소가 공간을 내포하고 있다면, 공간을 상상하고 공간을 경험할 수 있도록 해주는 토대라고 한다면 집 또한 그렇다고 할 수 있다. 집은 우리의 육신이 머무는 익숙한 장소일 뿐 아니라 우리의 정신이 모험하는 낯선 공간일 수도 있다. 레바논의 철학자, 화가, 소설가, 시인 지브란^{Kahlil Gibran}은 더 나아가 「집에 대하여」라는 시에서 이렇게 썼다. "이 집들 속에 너희가 가진 것이 무엇이더냐? 문을 잠그고 너희가 지키는 것, 그것이 무엇이더냐? 편안함과 편안함에 대한 욕심뿐인가. 편안함을 탐하는 마음은 영혼의 정열을 죽이는 것, 그리고 장례식장으로 웃음을 던지며 걸어가는 것이다. … 너희의 집은 닻이 아니라 돛이 돼야 한다."

집은 왜 돛이어야 하는가?

집은 왜 닻이 아니라 돛이어야 하는가? 사랑은 타자의 영접이다. 그러므로 사랑이 머무는 집은 낯선 존재를 끌어안는 곳이어야 하기 때문이다. 동일한 것이 아니라 나와 다른 존재를 내 고유한 방식으로 환대하고, 차이들 간의 교제 koinonia를 즐거워하고, 그로써 고유한 존재를 보호해야 하기 때문이다. 게다가 우리는 익숙한 것들이 아니라 낯선 것을 통해 성장한다. 독일의 소설가이자 시인 헤세 Hermann Hesse는 『데미안』에서 이렇게 말했다. "새는 알과 싸워 밖으로 나온다. 알은 세계다. 태어나고자 하는 자는 먼저 하나의 세계를 파괴해야 한다." 깨닫고자 하는 자는 자신의 집을 떠나야 한다. 몸뿐 아니라 마음도 출가해야 한다. 『노트르담의 꼽추』의 작가로 유명한 위고 Victor Hugo는 이렇게 말했다. "자신의 고향을 감미롭다고 여기는 사람은 여전히 연약한 초보자다. 모든 땅이 자신의 본토인 자는 이미 강하다. 그러나 전 세계가 낯선 땅인 사람은 온전하다."

집이 돛이어야 하는 것은 또한 집은 무엇보다도 우리가 거주하는 장소이기 때문이다. 거주를 가능하게 하는 것은 시詩다. 하이데거는 다음과 같이 썼다. "거주를 거주이게 하는 것은 시다. 우리로 하여금 진정으로 거주하게 하는 것은 시다. … 시적 창조, 곧 우리로 하여금 거주하게 하는 것은 일종의 짓기building다."4 집 짓기는 시작詩作이라는 뜻이다. 괴테에게 가장 높은 수준의 건축은 시, 곧 픽션으로 전환된 건축이다. 공간은 낯섦을 개시함으로써 우리를 시적 상태로 인도한다. 미국의 시인 스티븐스Wallace Stevens는 이렇게 썼다.

> 이로부터 시가 솟아나온다. 우리는 어떤 장소에 살고 있다는 것, 그 장소가 우리 자신의 것이 아니라는 것, 더구나 우리가 아니라는 것, 그리고 그것은 빛나는 날임에도 힘겹다.5

그렇다면 시작詩作인 건축은 무엇을 짓는가? 하이데거에 따르면6 시는 "하나의 높고 특별한 종류의 측정"이다. 인간이 자신을 신에 맞서 가늠하는 행위다. 신은 미지의 존재인 까닭에 잴 수 없는 것을 재는 행위, 곧 "낯익은 것의 광경 속에 낯선 것을 가시적으로 포함하는 이미지 작업"이다. 따라서 우리는 헤겔과 더불어 건축이란 근본적으로 무한한 것, 절대적인 것, 영원한 것, 알 수 없는 것, 이름 없는 것, 초월적인 것, 한마디로 하늘을 기하학(건축의 언어)을 통해 땅에 옮기고자 하는 시도라고 할 수 있겠다. 뒤샹의 표현에 따라 이렇게 말할 수 있겠다. 건축이라는 이름으로 짓는 것은 "공간과 시간이 지배하지 않는 영역으로 인도하는 다리"[7]다. 그러므로 집 짓기에 대해 이렇게 말할 수 있겠다. 집은 거주하는 장소이자 공간이다. 집을 짓기 위해 어떻게 살지, 곧 거주하는 법을 먼저 배워야 한다. 집은 내 영혼이 요구하는 삶을 살기 위한 공간의 형식이다.

○ 2부 | 세계의 비밀

의미는 실존의 근거다

인간은 의미의 존재다. 사르트르는 "인간은 자유롭도록 운명 지워졌다."고 했다. 메를로퐁티는 "인간은 의미의 운명이 지워졌다."고 했다. 우리 중 누구도 의미로부터 벗어날 수 없다는 말이다. '무의미'한 삶마저 '의미 없는 삶'을 '의미'한다. 자신의 삶이 무의미하다고 생각하는 사람은 삶의 열정이나 기력을 잃는다. 없음이 '있음의 부재이듯 무의미는 의미의 결핍이다.

의미는 어떻게 존재하는가? 의미는 맥락이 부여한다. 모든 언어는 맥락에 의해 의미가 확정된다. 진부한 의미로 빛을 잃은 언어에서 새로운 의미를 길어내고자 히는 시는 무엇보다도 맥락을 바꾼다. 뒤샹의 소변기 〈샘Fountain〉이 보여주듯 다른 맥락은 사물을 다른 존재로 바꾼다. 언어든 사물이든 모든 것은 그것과 어긋나는 맥락에 놓이면 '다른' 존재가 된다. 혹은 다른 존재를 향한 이행의 상태에 놓인다. 일제의 저항시인 이육사가 「절정」에서 겨울을 "강철로 된 무지개"라고 읊을 때, 견디기 어려울 정도로 차갑고 단단한 강철 같은 겨울이 생명 움트는 봄을 언약하는 찬란한 빛의 무지개 겨울로 나타난다.

진부한 언어나 사물은 그것의 맥락에서 이탈할 때 낯선 존재가 된다. 물고기나 신발이 들어 있는 새장은 낯설다. 새가 아닌 무엇을 넣어도 그러하다. 벨기에의 화가 마그리트^{René} Magritte에 따르면 거기도 옳고 그른 방식이 있다. '새장의 물고기'나 '새장의 신발' 같은 "그러한 이미지들은 비록 이상하지만 불행히도 임의적이고 그저 주어진다. 그런데 시험에 견딜 수 있을 어떤 새로운 이미지를 얻을 수 있다."[8] 그와 달리 새장의 (큰) 알은 비밀스러운 친연성親緣性 덕분에 시험을 견딘다. 그리고 그것이야말로 진정한 신비로서 우리를 공허에 직면하게 하는 그저 이상하기만 한 것들과 달리 진짜 세계를 경험하게 한다.

의미는 세계와 연결된다. 의미화의 맥락을 종국적으로 정초하는 것은 세계이기 때문이다. 하이데거가 인간을 '세계내존재'라고 한 것은 바로 그 때문이다. 세계는 의미의 원천이다. 따라서 사물의 의미는, 더 나아가 삶의 의미는 궁극적으로 어떤 세계를 설정하느냐 혹은 어떤 세계를 인식하거나 믿느냐에 따른다. 박근혜 전 대통령의 탄핵을 옳은 것으로 생각하는 자와 그른 것으로 생각하는, 그리하여 탄핵 사건 이후 태극기 집회에 열성적으로 참여하는 자와 그 집회를 그른 행위로 바라보는 자는 서로 다른 세계에 속하는 동일한 나라의 시민이다. 동성애를 반대하는 자와 옹호하는 자는 다른 세계의 거주자다. 섹슈얼리티뿐 아니라 젠더, 인종, 종교, 이념 등이 다르다는 이유로 혹은 어떤 이유로든 인간을 차별해서는 안 된다는 자, 그리고 그에 따라 차별해야 한다는 자는 전적으로 다른 세계에 산다. "개인적으로나 정치적으로나 동성애를 반대한다."고 공언한 황교안 자유한국당 대표와 '차별금지법'을 위해 적극적으로 나서지 않는 집권세력을 (행위와 존재를 구분함으로써) 하나로 묶어 비판하는 홍세화는 그것을 묶지 않고 분리하는 자와 다른 세계의 정신을 가진 자다. 우리는 하나의 세계에 사는 듯하지만, 실상 소통이 단절됐거나 매우 힘든 다른 세계들에서 산다. 세계들을 다 포함하는 세계, 우리를 묶는 단 하나의 세계는 없는가? 절대적으로 보편적인 세계는 없는가?

우리를 구성하는 세계와 세계들

프랑스의 사상가이자 작가 루소Jean Jacques Rousseau는 「고백록」의 서두를 자기라는 존재의 유일성을 주장하며 이렇게 연다. "나는 내 가슴을 안다. 그리고 인류를 연구했다. 나는 지금까지 내가 알게 된 누구와도 다르게 아마도 세상 어떤 이와도 다르게 형성됐다."9 어디 루소만 그렇겠는가? 우리 모두 서로 다르지 않은가? 찬찬히 돌이켜 보면 지금까지 단 한 사람이라도 자신과 온전히 공명할 수 있는 (다른) 영혼을 만난 적 없으니 내면으로 들어갈수록 우리는 외로운 존재가 된다. 그러니 모든 개인은 각자 하나의 세계이며 우주다. 하나의 섬이다. 개인이란 어떤 언어로도 채울 수 없이 넘치는, 어떤 말로도 다 말할 수 없는 존재를 일컫는다. 우리는 정확히 그것 때문에 개인이 된다. 오직 그로써 계산할 수 있는 대상의 영역을 넘어 진실로 유일한, 따라서 진정한 인간이 된다.

그런데 우리는 '인간으로', 곧 인간이 만든 역사와 인간이 구성한 사회에서 살아가는 까닭에 개별성을 포섭하는 보편성을 지닌다. 무엇보다도 생명을 가진 존재로서 생명의 연대를 이룬다. 그것은 인간을 넘어 생명 있는 모든 존재까지 확장된다. 영국의 화가 베이컨^{Francis Bacon}이 그려낸 인간은 출처 모를 폭력의 흔적을 지닌 고깃덩어리로 나타난다. 우리는 그가 그려낸 이미지가 사람인지 동물인지, 심지어 한낱 고깃덩어리인지 분간하기 어렵다. 프랑스의 철학자 들뢰즈^{Gilles Deleuze}는 베이컨의 그러한 배경 없는 그림에서, 생명의 보편적 징표인 고통을 본다. 그에게 "고통받는 인간은 짐승이며, 고통받는 짐승은 인간이다."[10] 고통은 우리로 하여금 모든 살아 있는 존재를 연민하게 한다.

우리가 의미와 가치를 발견하고 확인하는 우리 각자의 '세계들' 또한 다소 보편적이다. 절대적이지는 않으나 상대적으로는 개별성과 비교할 수 없을 정도다. 정확히 말해 정체성을 부여하는 범주의 크기만큼 보편적이다. 우리는 한국인이면서 지구인이다. 한국의 정치, 경제, 사회, 문화 등이 형성하는 세계에서 살지만, 그와 동시에 환경 위기에 놓인 지구 행성을 모든 인류와 함께 단 하나의 서식지로 삼는다. 섹슈얼리티, 젠더, 종교, 정치 이념, 철학, 직업 등은, 뭇 개인의 다른 특이성들을 하나로 묶는 보편의 세계. 경제가 삶의 양식에 특히 막강한 영향력을 행사하는 한국 사회는 보이지 않는 자본 계급이 또 다른 세계들을 구성한다. 봉준호 감독의 칸 황금종려상 수상작 <기생충>은 현실적으로 마주칠 일이 전혀 없는 전적으로 다른 두 계층의 삶(의 세계)을 폭력적으로 충돌시킨다. 기택의 가족이 사는 '반지하 주택'은 수도권에 집중 분포됐다. 우리의 아이들은 어릴 때부터 자신이 사는 집(계급)에 따른 차별적 삶을 온몸으로 배운다.[11]

우리의 일상 세계는 그렇게 여러 힘이 구성하는 세계들로 구성돼 있어 사회, 민족, 국가 등 개별 집단을 초월한 보편적 인류애는 그것이 중단될 때 열린다. 멜릭^Terrence Malick이 〈씬 레드 라인^The Thin Red Line〉에서 통렬히 보여주듯 인간은 타인의 죽음을 생생히 경험하고, 자신 또한 언제든 죽을 수 있는 상황에서야 비로소 자신이 아니라 동료, 그리고 심지어 적을 위해 자아를 온전히 내려놓는다. 왜 우리는 그렇게 지독한 고통을 겪고서야 개별성을 초월한 연민의 보편성에 참여하는가? 존재의 무서운 심연을 경험하고서야 인간은 모두 같은 존재라는 인식에 도달하게 되는 것일까?

진정한 세계의 핵심은 신비다

여러 형태의 힘들이 지배하는 현실 세계는 무척 강고하다. 정치적, 경제적, 문화적 헤게모니가 구축해놓은 구도뿐 아니라 사회적 관습과 인습의 관성이 강해 새로운 감성과 생각이 들어설 여지가 여간해서 생기지 않는다. 일상 세계의 모든 것은 판에 짜인 대로 심지어 새로움마저 상품이 돼 진부한 방식으로 작동한다. 그로써 소통이 단절되고 생명에서 솟아나는 영혼의 자율적이고 창조적 약동이 빛을 잃는다. 그러므로 즉자, 곧 절대적 사물의 세계는, 진짜 리얼리티는 인간적인 것들이 물러설 때, 현실적 삶에 정렬된 도구적 관심과 동일성(소비와 지배)의 의지가 사라지고 없을 때, 오직 그때 출현한다. 그때 잠시 어른거린다.

세계 대부분의 국가가 그러하듯 오늘날 한국을 지배하는 기운은 우울(과 그것의 표출인 분노)이다. 서울대 행복연구센터의 연구 결과에 따르면 중증 이상의 울분을 느끼는 사람이 약 15퍼센트이며 위험 수준에 처한 사람이 약 40퍼센트다. 국민의 태반이 분노에 붙잡힌 셈이다. 경제 침체가 가

장 큰 원인이다. '조국 대란'이 적나라하게 보여주듯 정쟁政
爭이 갈수록 노골화되는 우리 사회는 지금 거기에 구금돼 출
구를 못 찾는다. 저성장, 심화된 불평등, 경제 위기가 일상
화된 '뉴 노멀' 시대는 우리의 영혼을 목전의 사태에 전력하
게 만든다. 지속 가능성을 최고의 삶의 목표로 삼도록 부추
기고 내몬다. 제한된 욕망에 따라 구조화된, 그리하여 모든
삶의 가치가 위계화된 우리 사회는 극심한 경쟁을 초래해
뭇 사람의 자존감을 박탈한다. 살아 있음의 기쁨과 존재의
신비는 아득한 동화 속 이야기다. 지금 여기 대한민국의 영
혼은 깊은 어둠에 잠겨 눈 뜨는 법을 모른다.

마그리트 또한 전쟁이 야기한 엄청난 갈등과 고통을 경험
하고서야 비로소 생명의 약동이, 그리고 그것이 주는 기쁨
이 중요하다는 것을 깨달았다. 그리하여 그는 자신의 작업
의 방향을 완전히 바꿨다.[12] 불안을 드러내는 작업에서 마법
을 창조하는 작업으로 180도 틀었다. 그에게 마법이란 우
리 자신도 모르게 우울감에 빠지는 진부한 습성을 깨는 그
로써 우리의 생명력을 복원하는 효과적 처방이다. 예술은
무엇보다도 마법이어야 한다. 그리하여 판에 박힌 무기력한
세계를 시 혹은 '시적인 것'으로 깨워 세계의 비밀을 열어줌
으로써 생기를 불어넣어야 한다. 마그리트는 그 전범을 자
신의 눈을 번쩍 뜨게 해준, 그리고 그로써 자신에게 새로운
예술의 지평을 열어준 '데 키리코Giorgio de Chirico'에게서 발견한

다. 그리고 그로부터 10년이 넘도록 마음을 뒤흔드는 시적 효과를 체계적으로 탐구하며 '진정한 세계'를 드러내려 애썼다.

마그리트에게 '진정한 세계' 혹은 '진짜 리얼리티'는 무엇인가? 그것의 심급은 신비다. 신비가 없는 것은 미학적일 수는 있어도 가짜다. 진짜라는 환영을 주는 그리하여 그저 공허만 만나게 하는 미장센에 불과하다. 이것이 바로 앞에서 언급한 "시험에 견딜 수 있을"이라는 그의 말이 뜻하는 바다. 그는 이렇게 썼다. "신비는 리얼리티의 가능성 중 하나가 아니다. 신비는 리얼리티가 존재하기 위해 절대적으로 필요한 무엇이다."[13] 진부한 세계는 리얼리티가 아니다.

그런데 신비는 우리가 연구하거나 붙잡을 수 없다. 신비는 우리가 도리어 붙잡히는 무엇이기 때문이다. 마그리트는 아주 낯익은 사물이 지닌 낯선 감정 혹은 낯선 사물이 지닌 낯익은 기운을 신비로 부른다. 신비 속에서 우리는 이미지나 사물과 분리되지 않고 하나로 통일된다. 그리고 '세계 바깥에' 있다고 믿는다. 마치 꿈꾸고 있다는 것을 아는 사람처럼 '세계 바깥'에 있다는 느낌, 꿈꾸면서 꿈꾸는 것을 아는 인식, 여기 있지만 그와 동시에 여기 아닌 곳에 있다는 기분. 시 혹은 시적 상황은 바로 거기서 발생한다.

신비는 성스러움의 사태다

안이자 밖, 낯익은 낯섦 혹은 낯선 낯익음, 이곳이자 저곳, 신비의 특성인 이러한 존재적 모순의 동시적 현시顯示는 특히 성스러움의 경험에 보편적으로 나타난다. 글라스고우대학 연극공연과 교수 래버리Carl Lavery는 다음처럼 말했다. 좀 길지만 중요한 내용이어서 그대로 인용한다.

이것을 읽으면서 나는, 성스러움에 대한 내 개인적 경험은 전위轉位, 곧 두 장소에 동시에 있음, 다른 말로 어떤 장소에도 있지 않음의 경험에 지배된다고 말할 수 있겠다. 이러한 사이in-betweeness에서는 내 에고, 내 익숙한 자아가 전위돼 어느 정도 비워진다. 이러한 빼앗김dispossession, 곧 집에 있지 않음의 형태는 다른 무엇, 곧 언어에 저항하고 언어를 무력화시키는 무엇이 출현할 수 있도록 한다. 비록 어떤 실체는 결코 아니라 하더라도 그것은 자아의 빈 공간, 성스러움에 의해 느끼는 빈 공간을 채운다. 나는 그러한 무emptiness를 채우는, 사물이 아닌 존재no-thing는 사랑이라고 종종 생각한다. 그것은 타자를 가까이 가져오도록 하기 때문이다. 나는 이러한 경험을 구입할 수 없다. 그것은 세계처럼 내게서 빠져나

가기 때문이다. 그러나 그와 동시에 나는 그것이 존재한다는 것
을, 내가 그것을 느꼈다는 것을 안다.[14](밑줄은 필자가 그었다.)

독일의 추기경 쿠사Nicolas of Cusa가 신을 언급하며 제시한 '대
립의 일치Coincidentia Oppositorum'는 성스러운 경험의 핵심이다(성
스러움이라는 낱말의 어근을 지닌 라틴어 'sacer'는 무시무
시하고 성스러움, 악마적이며 신성함을 동시에 가리킨다).
미국의 종교학자이자 문학가 엘리아데Mircea Eliade에 따르면
모든 종교적 경험의 토대에서 발견되는 그것은 성스러운 리
얼리티를 드러내는 가장 원초적 방법 중 하나로서 '고대' 인
류뿐 아니라 모든 인간이 지닌 본디의 실존 상태, 곧 태곳적
완전성과 지복의 상태로 돌아가고자 하는 욕망에서 기인한
다.[15] 성스러운 사태에 나타나는 '대립의 일치'가 흥미로운
것은 거기에 성스러움마저 예외가 아니라는 점이다. 성聖과
속俗은 온전히 다르지 않고 엄정히 구분할 수 없다는 것이
다. 엘리아데에게 생애 마지막까지 '위대한 신비'이자 매혹
으로 남은 그 현상은 다음을 뜻한다. 세상의 모든 것이 성스
럽게 나타날 수 있지만, 그러할 때 그것은 세속의 존재를 변
함없이 유지한다. 예컨대 성스럽게 변한 돌은 여전히 보통
의 돌로 머문다. 세속 세계에 나타나는 성스러움은 그런 방
식으로 자신을 드러내면서 그와 동시에 숨긴다.

성과 속이 동시에 존재한다면 오늘날은 왜 성스러움이 나

타나지 않는가? 그것은 오직 무의식의 차원에서 작동하기 때문이다. 인간은 본디 종교적 존재라는 것을 뜻하는 '호모 릴리기오수스^{Homo Religiosus}', 곧 "종교적 인간"은 성스러움 이론의 근본적 주제다. 엘리아데는 그것을 세속적 의식이 출현하기 전의 인간 존재 방식을 특징짓는 용어로 수용해 현대의 비종교적 인간과 구별한다. 전자가 성스러움을 향해 방향이 잡혔다면, 그래서 '세계의 열림'으로 특징지어진다면, 후자는 역사의 모든 사태와 그것이 수반하는 무無의 위협 아래 무차별적으로 놓인 채 심원한 불안을 겪는다. 신이 죽은 혹은 떠난 세계에 사는 현대인의 실존 양식이다.

다른 의식은 다른 앎을 낳는다

신비하거나 성스러운 경험의 가장 중요한 특징은 주체와 대상의 구분의 소멸이다. 혹은 '불분명한' 구분이다. 그러한 경험은 이성이 개입하기 전에 온몸으로 의식하는 즉각적이고 순수한 경험인 전前 서술적 경험이기 때문이다. 그러한 사태를 우리는 에로티시즘에서 경험한다. 프랑스의 사상가이자 소설가 바타이유Georges Bataille에 따르면 에로티시즘을 응낙하는 것은 죽음을 응낙하는 것으로서 연속성(미분화성)을 위해 불연속성(분화된 우리의 정체성)을 희생하는 것이다. '나(자아)'를 기꺼이 포기하는 것이다. '나'를 포기한다는 것은 주어진 사태에 이해(해석)와 통제(소유의 욕구)를 버린 채 '나'를 온통 타자에 내맡긴다는 뜻이다.

성스러움은 그렇게 우리로 하여금 자아로부터 해방 시켜 "침묵, 그리고 내적 경험으로 알려진 신비하고 내밀한 방식의 소통에 기초한" 다른 존재 방식을 경험하게 하고 발견하게 한다.[16] 그리하여 우리는 말이 기능을 멈추는 사태에서 (우주적) 존재에 참여해 "초월적 존재의 평면"을 경험한다.

〈씬 레드 라인〉의 위트가 바로 그러한 인물이다. 세계란 우리가 사는 이 세계밖에 없다고 믿는 웰시와 달리 그는 이 세계와 전적으로 다른 이 세계 너머의 '다른 세계'를 봤다. 그리하여 '아름다운 빛'을 변함없이 믿는 (웰시의 눈에 마법사처럼 보이는) 위트는 자신에게 죽음이 찾아온 (정확히 말해 자신이 죽음에 다가간 순간) 생의 종말을 '고요하게' 맞는다. 그로써 불멸성을 얻는다. 위트가 영화 초입에 들려주는 자신의 내밀한 이야기는 그것을 시사한다. "나는 엄마가 죽어갈 때를 기억해. 온통 쭈그러들고 백발이었어. 내가 엄마에게 무섭지 않은지 물었어. 엄마는 그냥 고개를 저었어. 나는 엄마에게서 본 죽음을 건드릴까 무서웠어. 엄마가 신에게 돌아가는 것만큼 아름답거나 정신을 고양시키는 것을 볼 수 없었어. 내가 죽을 때 어떨지 궁금했어. 이 숨이 내가 평생 들이쉴 마지막 숨이라는 것을 안다는 것은 어떤 것일지 궁금했어. 내가 소망하는 것은 그저 엄마가 한 것과 같은 식으로 그것을 맞이할 수 있는 거야. 같은 적요로서. 왜냐하면 거기에 내가 본 적이 없는 불멸성이 숨겨져 있거든." 이로써 우리는 위트가 자신의 전 생애를 영적 구도에 이르는 여정으로 삼고 있다는 사실을 어렵지 않게 짐작할 수 있다.

웰시는 위트와 정반대의 눈으로 세계를 본다. '초월적이라거나 다른' 세계의 존재를 철저히 부정하는 물질주의자인 그에게 이 세계는 오직 '자산'을 놓고 싸움을 벌이는 무의미한 전쟁터일 뿐이다. "우리는 모든 사람이 정돈할 수 있을 만큼이나 빠르게 박살나는 세계에 산다." 그리하여 우리는 "이런 상황에서는 눈을 감고 아무도 자신을 건드리지 못하게 하는 것밖에 할 수 있는 것이 없다." 그는 위트에게 이렇게 조언한다. "네가 현명하다면 너 자신을 챙길 거야. 다른 사람들을 위해 네가 할 수 있는 것은 아무것도 없어. 너는 아무도 구원받을 수 없는 불타는 집 속으로 뛰어들고 있을 뿐이야. … 네가 죽는다면 그건 아무 의미 없는 거야. 모든 것이 좋은, 뭔가 다른 세계는 거기 없어. 이 세계밖에 없어. 그냥 이 돌밖에." 위트의 무덤 앞에서 그가 비통하게 묻는다. "네 빛은 어디 있는가?"

윌버는$^{Ken\ Wilber}$ 우리의 의식을 에고, 실존, 정신의 세 층위로 구분한다.[17] 에고는 마음을, 실존은 몸과 마음을, 그리고 정신은 몸과 마음과 나머지 우주를 포함한다. 이 셋은 각각 변증법적 지양의 관계를 형성하는 하나의 스펙트럼을 이룬다. 이 맥락에서 웰시의 의식은 실존의 층위에, 위트의 의식은 그보다 높은 정신의 층위에 속한다. 미국의 프래그머티즘 철학을 확립한 제임스$^{Willam\ James}$에 따르면 우리의 정상적인 깨어 있는 의식은 의식의 단 하나의 특별한 형식으로서 그 배면에 그것과 전적으로 다른 의식 형태가 잠재해 있다.[18] 적지 않은 철학자(제임스, 화이트헤드, 스즈키 등), 물리학자(하이젠베르크, 슈뢰딩거, 진스, 에딩턴 등), 종교학자(샤르댕, 뵈메, 에크하르트 등)와 종교(도교, 힌두교, 불교 등)는 그것을 주체와 대상이 통합되는 세 번째 층위의 정신으로 간주한다. 예컨대 양자역학을 창시해 노벨물리학상을 받은 슈뢰딩거Erwin Schroedinger는 이렇게 썼다. "모든 의식은 본질적으로 하나다. … 외부 세계와 의식은 동일한 단 하나다. … 그것(개별 정신들)의 복수성은 그렇게 보일 따름이며, 진실로 오직 하나의 정신만 있다."[19]

이들의 주장에 따르면 앎의 토대를 이루는 의식은 크게 두 가지다. 첫째, 대상과 분리된 주체의 개념적, 분석적, 추상적 의식이다. 둘째, 세계와 혼융된 주체의 직관적, 즉각적 의식이다. 비이분법적 앎의 방식인 후자가 의식의 '내용'으로 절대적 리얼리티를 산출한다면 전자, 곧 이분법에 기초한 의식은 일상적 담론에 유용한 리얼리티의 관념을 낳는다. 모든 것을 대상화하는 주체가 주관에 갇혀 자신이 파악하는 세계를 구체적 리얼리티로 오인한다면 즉각적으로 대상 안에 들어가 파악하는 직관은 의식의 내용과 대상이 구분되지 않는다. 종이와 마음은 그 이후에 이뤄지는 경험에 주어지는 두 이름에 불과하다. 종이는 마음에 있고, 마음은 종이에 있다. 직각直覺의 포착prehension은 우주를 "그것이 절대적으로 존재하는 바대로" 드러낸다.[20]

○ 3부 | 실재의 진상

존재는 즉자며 의미는 대자다

자연은 인간사에 무심하다. 생사화복을 포함해 어떤 인위도 모른 채 '자연'이라는 말뜻 그대로 '그저 그렇게' 있다. 노자의 말처럼 자연은 불인^{不仁}하다. 사랑도 미움도 자비도 복수도 모른다. 절대적으로 스스로 머물며 절대적으로 스스로 움직인다. 스티븐스의 시 「군인의 죽음」의 구름들처럼. "생을 계약하고 죽음이 예기된다. /가을의 계절처럼. /군인이 떨어진다. //그는 삼일간의 명사^{名士}가 되지 않는다. /자신의 별리^{別離}를 강제하며, /장대한 의식을 요청하는. //죽음은 절대적이고 기념비가 없다. /가을의 계절처럼, /바람이 멈출 때, //바람이 멈출 때, 그리고 하늘 위로, /구름들이 간다. 그런데도 /그것들의 방향으로."

자연은, 자연의 모든 사물은 인간사와 무관하게 '그저 그러함^{as-it-is-ness}'의 존재, 곧 모종의 물질 덩어리로 어떤 결핍도 모른 채 홀로 있다. 그러한 결핍 없는 충만한 존재를 '즉자^{in-itself}'라 부른다. 그런데 결핍의 존재인 인간은 그렇게 단순히 있는 사물과 달리 자족적으로 존재할 수 없다. 대상 없이 실존할 수 없다. 그러한 자족적이지 않은 결핍의 존재인 인간을 '대자for-itself'라 부른다. 현상학이 가르쳐주듯 우리의 의식은 '항상 그리고 이미' 대상에 붙잡힌 의식이다. 대상 없는 '텅 빈' 의식은 없다. 인간은 자연의 모든 것, 심지어 자신마저 대상화한다. 몸인 나는 내 몸을 대상으로 삼는다. 몸과 온전히 일치하는 정신은 없다.

즉자가 '존재'라면, 대자는 '의미'다. 앞서 썼듯 인간은 의미의 존재다. 우리는 바람 소리를 듣지, 어떤 소리를 듣고 그것을 바람으로 인식하지 않는다. 우리는 커피를 보고 커피를 마시며 커피를 느끼지, 검정색과 분말 혹은 검은 뜨거운 액체를 감각한 후 그것을 커피로 인식하는 것이 아니다. 사물은 의미를 모르지만, 의식은 의미 없는 사물을 모른다. 우리가 '돌'이라고 부르든, '스톤'이라고 부르든 사물은 의미 체계와 전적으로 동떨어져 그저 그렇게 있지만, 우리가 '돌'이라고 부르는 사물은 '항상 그리고 이미' 돌이다. '돌'이 아닌 것으로는 결코 존재할 수 없다. 즉자와 대자는 '존재'와 '의미'라는 전적으로 다른 차원에 속한 채 떨어져 있다.

시적詩的 의식은 사물 존재를 붙잡기 위해 애쓴다. 의미로 투명하게 된, 일상의 도구로 전락한 사물의 존재를 복구하려 애쓴다. 사물을 그 자체로 인식하고 드러내려 애쓴다. 그리하기 위해 시적 의식은 의미의 망을 찢거나 흔든다. 그로써 존재(무의미의 물질 덩어리)가 드러나도록 분투한다. 존재와 의미 사이에 서성인 채 존재도 아니고 의미도 아닌 무엇을 우리 앞에 제시한다. 시는, 시적인 것은 무언가를 뜻하면서 그와 동시에 뜻하지 않는다. 앞서의 신비하고 성스러운 사태가 그렇듯 시에는 대립의 일치가 발생한다. 영국의 문학 비평가이자 시인 엠프슨^{William Empson}이 시의 본질을 애매성으로 제시했듯 시어가 가리키는 것은 이것이면서 그와 동시에 이것이 아니다. 시적 사태는 무언가를 나타내면서 숨긴다. 그로써 사물 존재는 분석과 이해, 계산과 조작의 가능성을 닫는다. 소유와 소비가 불가능한 존재로 변한다. 시인은 그렇게 자신의 시로써 (즉자적) 존재, 곧 하늘과 땅, 물과 불, 나무와 바람 등 자연의 뭇 사물을 인간의 착복으로부터 지킨다. 하이데거가 '인간은 존재의 목동'이라고 언명할 때 그가 심중에 둔 인간은 시적 인간이다. 인간은 오직 시적으로 거주할 때 사물 존재와 함께 머문다. 존재를 존재로서 환대한다. 그로써 인간과 대상의 관계가, 인간과 세계의 관계가 새롭게 전환된다.

진리는 공작의 산물이다

즉자, 곧 사물의 참된 모습은 무엇인가? 우리는 '실재'(진짜 존재하는 것)를 알 수 있는가? 과학이 밝혀온 자연(우주)의 진리는 무엇인가? 천체 물리학을 개척한 영국의 과학자 에딩턴Arthur S. Eddington은 아인슈타인의 상대성 원리가 참이라는 사실을 실험으로 입증했다. 그로써 상대성 원리는 이론의 수준에서 벗어나 과학의 진리 값을 (잠정적으로) 획득함으로써 양자역학과 더불어 우주의 진상을 밝히는 토대로 쓰인다. 그런데 과학은 과연 실재를 밝혀낼 수 있을까? 에딩턴을 계승한 진스 경Sir James H. Jeans은 1930년 캠브리지대학 강의 시리즈에서 현대 물리학의 발견들을 다음과 같이 요약했다. "오늘날 과학의 물리적 측면에서 거의 만장일치로 접근하는 광범위한 동의가 있다. 그것은 지식의 흐름이 비기계적인 실재를 향해 가고 있다는 것이다. 우주는 거대한 기계라기보다 거대한 생각처럼 보이기 시작한다."[21]

여기서 진스가 언급하는 '생각'은 수학을 가리킨다. 그로써 우리는 과학이 밝혀내는 우주가 우주의 진상이 아니라는 것을 알 수 있다. 진스는 이렇게 썼다. "본질적인 사실은 단지 과학이 지금 그려내는, 그리고 관찰의 사실과 유일하게 일치할 수 있는 것으로 보이는 자연의 '모든' 그림이 수학의 그림이라는 점이다. 대개의 과학자는 그것이 그림에 불과하다는 데 동의할 것이다. 당신이 원한다면, 그리고 당신이 과학은 궁극적 실재에 아직 접촉하지 않고 있다는 뜻으로 쓴다면, 그림이라는 말 대신 픽션이라고 해도 된다."[22] 그런데도 순수수학(의 개념들)은 우리가 자연을 알 수 있는 매우 유용한 도구로서 비록 수학적 해석이 인간이 만든 형틀이긴 해도 그것은 이론의 여지없이 자연과 가장 밀접한 관계를 갖는다. 핵심은 이것이다. 우리가 세계에 대해 보편적 지식을 얻을 수 있는 방편은 과학밖에 없다.[23] 그리고 그것은 진짜 리얼리티가 아니라 리얼리티와 일치하는 것으로 보이는 픽션이다.

이탈리아의 철학자 비코Giambattista Vico는 이렇게 주장했다. 우리는 우리가 만든 것만 알 수 있다. 비코의 유명한 '베룸팍툼Verum-Factum 원리'다. 관찰과 실험에 토대를 두는 과학의 진리가 정확히 그렇다. 과학자들은 가설(들)을 지어내어 과학적 방법을 통해 그것의 참혹은 거짓 여부를 밝힌다. 그리하여 참인 것을 (잠정적) 지식으로 받아들인다. 과학적 지식은 가설에서 비롯한다는 것, 곧 자연에 관해 지어낸 생각들만 진리, 정확히 말해 '진리에 근사한 지식verisimilitude'이 될 수 있다는 것이다. 과학이 밝혀내는 우주는 우주의 진상이 아니라 우주의 진상이라고 여겨 지어낸 인간의 생각이다. 과학의 공작이다.

그렇다면 우주(실재)에 대한 우리의 과학적 지식은 우주와 전혀 무관할까? 수학은 근본적으로 현실과 동떨어진 추상의 영역이니 수학 개념으로 지어낸 그림은 실재와 아무 연관성이 없을까? 인간이 지어낸 생각에 불과한 것일까? 주관을 넘어서는 객관의 지식은 불가능할까? 다행히 비코도, 과학자들도 가능하다고 생각한다. 비코는 특히 후기의 글에서 다음과 같이 말하며 우리는 우리가 만든 것을 넘어설 수 있는 진리를 획득할 수 있다고 주장한다. "인간은 자신이 만든 세계를 통해 이상적인 영원한 역사와 베룸팍툼 원리 자체와 같은 영원한 진리들을 증언할 수 있다."[24] 특정한 역사의 사실들을 (이성적으로 잘 가려내어) 봄으로써 보편적 진리를 발견할 수 있다는 것이다. 그리고 진스가 보기에 현대 과학은 실재가 우리의 정신과 무관하게 존재하지 않는다는 견해를 총체적으로 부정하는 결론으로 가고 있지는 않다.[25] 진스는 『신비한 우주』의 결론을 다음과 같이 맺었다.

정신은 더는 물질 영역의 우발적 침입자로 보이지 않는다. 우리는 오히려 정신을 물질 영역의 창조자와 통치자로 불러야 마땅하다고 생각하기 시작한다. 물론 개별적 정신들이 아니라 우리의 개별적 정신들이 성장되어온 원자들이 생각으로 존재하는 정신 말이다. … 정신과 물질이라는 옛 이원론이 사라져가고 있는 것 같다. 물질이 어떤 방식으로 지금까지보다 더 그림자나 비실체적인 것으로 변화된다거나 정신이 물질 작동 방식의 기능으로 풀리는 것을 통해서가 아니라 실체적 물질 그 자체가 정신의 창조와 현시로 해결되는 것을 통해서 말이다. 우리는 우리 자신의 개별적 정신들과 공통으로 갖는, 디자인하거나 통제하는 힘을 우주가 증언하는 것을 발견한다. 우리가 발견해온 한에서 감정, 도덕, 혹은 미학적 감상이 아니라 … 우리가 수학적인 것으로 묘사하는 방식의 생각을 증언하는 것을.[26] (밑줄은 필자가 그었다.)

진스는 『Physics and Philosophy』에서 이렇게 썼다. "우리의 정신이 모종의 방식으로 자연의 작동 방식과 조화를 이룰 뿐 아니라 자연에 관한 우리의 탐구가 옳은 길로 진행하는 것 또한 보여준다."[27] 이것은 아마 무엇보다도 인간의 몸이 자연의 사물들과 본질적으로 다르지 않은 요소들로 이뤄졌다는 사실에서 비롯할 것이다. 설령 우리의 몸을 구성하는 원자들이 감각을 통해 얻는 인상을 정신에 전달하는 특별한 능력을 가지고 있긴 하지만, 그것을 이루는 원소는 정확히 같다. 그런데 여기서 흥미로운 것은 우리 몸을 구성하는 원자들이 우리의 의식에 직접적인 영향을 미친다는 점이다. 그뿐 아니라 우리가 관찰하는 대상에게도 영향을 미친다. 독일의 노벨물리학상 수상자 하이젠베르크[Werner]

Heisenberg와 덴마크의 또 다른 노벨물리학상 수상자 보아Niels Bohr에 따르면 파동입자는 그것에 대한 우리의 지식이 변하는 대로 변한다.[28] 의식과 사물은 떨어져 있지 않고 연결돼 있다는 것이다.

즉자적 대자가 절대정신이다

현대 과학에 따르면 실재는 우리가 알 수 있는 한계 너머에 있다. 우주의 진상은 우리가 결코 정확하고 확실히 알 수 없다. 우리의 인식은 시간과 공간 안에서 펼쳐지는 데 반해, 실재의 사태는 '시간과 공간 밖에서' 발생하기 때문이다. 진스는 이렇게 썼다. "궁극적인 자연의 과정들은 공간과 시간에서 발생하지도 않고 재현도 허락하지 않는다. 그리하여 그것은 영원히 우리가 미칠 수 있는 범위를 넘어선다. 우리는 심지어 상상 속에서도 시계 케이스를 열어 바퀴들이 어떻게 돌아가는지 결코 볼 수 없을 것이다."[29]

영국의 세계적 물리학자 호킹Stephen Hawking은 『시간의 역사』 결론에서 이렇게 썼다. "공간과 시간이 지구의 표면처럼 특이성이나 경계가 없는 어떤 한정된 4차원 공간을 형성할 수 있을지 모르겠지만, 그것은 더 많은 차원을 갖는다."[30] 마치 벽의 그림자가 3차원 실재의 투사이듯 4차원의 시공 연속체의 현상은 4차원 너머의 실재의 투사라고 할 수 있다. 진스가 생각하기에 대부분의 물리학자는 파동운동이 보여주듯 실재가 7차원 공간이라는 데 동의한다. 그런 까닭에 우리는 실재와 관련해 심지어 시공의 틀 안에서 의미 있게 쓰는 "존재한다."라는 말조차 쓸 수 없다.[31]

과학이 실재를 확실히 그려낼 수 없다는 것은 (적어도 아직까지는) 과학적 진리다. 그런데 과학적 지식이 앎의 전부는 아니다. 과학적 관찰이나 실험의 대상으로 삼을 수 없는 지식도 있고, 수학으로 접근할 수 없는 지식도 있기 때문이다. 대부분의 체험이나 경험이 그렇듯, 특히 신비하고 성스러운 사태는 느낄 수 있지만 언어(개념)로 정확히 옮길 수 없다. 비트겐슈타인은 이렇게 말했다. "말로 할 수 없는 사물들이 진정 있다. 그것들은 스스로 나타난다. 그것들은 신비스러운 것들이다."

인식의 영역에서 코페르니쿠스적 혁명을 일으킨 철학자 칸트에 따르면 우리는 실재를 결코 알 수 없다. 대자적 존재인 우리와 무관하게 존재하는 즉자적 존재인 '물物 자체'는 인식의 영역에 들어올 수 없다. 우리는 사물들을 '항상 그리고 이미' 공간, 시간, 인과성 등 이해할 수 있는 선험적 범주에 따라 그것이 나타나는 현상을 인식하기 때문이다. 그러한 범주 없이 사물을 '날 것 그대로' 포착할 수 없다는 것이다.

그런데 독일의 관념론 철학을 대표하는 헤겔은 현상 이면에 존재한다고 주장하는 칸트의 본체本體 영역을 공허한 추상으로 본다. 그뿐 아니라 본체와 현상이라는 칸트의 이분법을 "해결되지 못한 모순"으로 간주한다. 실재의 현상(나타남)은 존재하는 모든 것일 뿐 아니라[32] 오직 그것만 실재에 대한 철학적 지식의 견고한 토대다.[33]

헤겔에 따르면 본체와 현상 혹은 존재와 존재에 대한 생각은 주체와 대상 간의 대립을 둘의 상호작용을 통해 화해해(없애) 나갈 수 있다. 그의 『정신 현상학Phenomenology of Spirit』은 의식이 정신으로 점진적으로 발전함으로써 '즉자적 대자in-and-for-itself'에 이르는 과정을 펼쳐 보인다. 즉자적 대자의 상태는 시적 태도뿐 아니라 철학적 과정을 통해서도 이를 수 있다는 것이다. 그러니까 외부 세계와 의식이 변증법적 상호작용을 통해 (앞에서 인용했듯 슈뢰딩거가 주장한) 하나의 통일 상태에 이를 수 있다는 것이다. 헤겔은 과학적 견해와 달리 실재가 우리의 인식의 영역에 속한다고 생각한다. 그에게 절대정신은 실재의 다른 이름이다. 우리는 어떻게 절대정신에 도달하는가?

후설이 창시한 현상학은 주체와 대상의 미분화未分化 상태를 인간 존재에 대한 이해의 원점으로 삼는다. 우리는 대상과 본디 하나로 실존한다. 사태에 대해 이론(반성)적 태도를 취함으로써 둘로 나뉜다는 것이다. 우리는 숟가락을 대상으로 관계하는 것이 아니라 손의 연장으로 무자각하게 쓴다. 망치를 쓸 때 망치를 대상으로 의식하지 않는다. 망치를 우리와 분리해 의식하는 것은 비일상적 상황, 예컨대 망치가 부러질 때다. 더 근본적으로 우리의 의식은 대상으로부터 따로 떨어져 존재하는, 감각 자료들을 통해 대상을 인지해나가는 텅 빈 의식이 아니라 '항상 그리고 이미' 대상과 연결된 의식이다. 우리는 비를 듣지, 어떤 소리를 비로 듣지 않는다. 주체 또한 마찬가지다. 홀로 고립된 주체는 없다. 스스로 성립하는 주체는 없다. 주체는 대상과 불가분의 관계 속에 있다. 주체는 오직 주체가 아닌 것과 관계함으로써만 주체가 될 수 있다. 주체성, 곧 주체를 주체로 성립하는 것은 그러한 매개의 실행이다. 따라서 우리는 주체를, 대상(다른 존재)을 통해 '자기 자신으로 되어감'의 매개 과정이라고 할 수 있다. 절대정신은 그로써 이뤄진다.

주체가 자기초월을 통해 궁극적으로 도달하고자 하는 것은 무한성의 범주다. 이 세계에서 가장 실재적인 것은 '무한한 것'이다. 바로 그 지점에 '절대정신(의 지식)'이 출현한다.[34] 그런데 신 혹은 무한자는 유한한 인간이 알게 될 때까지 '거기서' 따로 기다리고 있는 무엇이 아니며, 인간 또한 자신이 상승해야 할 무한성과 따로 '여기' 있는 것이 아니다. 진정한 무한성은 유한성의 자기초월로서[35] 무한자와 유한자는 서로 이어져 있다. 이로써 절대정신이거나 절대정신에 속하는 지식은 자기지식이라는 것이 판명된다. 정신은 "자기 자신의 산물"[36]이다.

그런데 그것은 순수하고 확실한 자기이해를 희생해 타자의 반발과 대립에 자신을 내맡김으로써 한마디로 "자기 자신의 상실"[37]을 통해 이뤄진다. 자기 자신의 순수한 주체성을 부정하는 것이야말로 바로 그러한 주체성을 진실로 실현하는 방식이기 때문이다. 진정한 주체성이나 진정한 대상성은 우리가 '오직 대상의 타자성 안에서' 우리 자신과 교감할 때 출현한다. 그것은 보편성을 매개로 한다. 여기서 보편성이란 포괄적 특성을 가리키는 추상이 아니라 대상이 대상의 온당한 형식에 머무는 것을 뜻한다. 주체는 대상을 보편성, 곧 대상의 온당한 형식 속에 위치함으로써 사물을 사물 자체로서 드러나게 한다. 그로써 사물에 대한 지식의 객관적 타당성을 보증한다. 이것이 시사하는 것은 주체성과 대상성이 내밀한 공속의 관계에 있다는 것이다.[38]

그런데 주체가 보편성 속에서 지각하거나 경험하는 사물은 여전히 '사물 자체'가 아니다. 따라서 의식은 사물을 주체와 대상의 관계 바깥에 위치해 '사물 자체'가 무엇인지 물을 수 있다. 여기서 흥미로운 것은 의식의 영역 밖에 존재하는 칸트의 '물 자체'와 달리 헤겔의 '사물 자체'는 의식의 영역에 속한다는 것이다. 따라서 '사물 자체'는 엄밀히 말해 즉자의 존재가 아니라 대자로서의 즉자적 존재다. 헤겔은 그러한 '사물 자체'의 양상을 진리라 부른다.[39]

진리를 구하는 의식은 자신이 관계하는 대자의 존재로서의 사물뿐 아니라 즉자적 존재로서의 '사물 자체' 또한 탐구의 대상으로 삼는다. 의식은 의식 자신을 대상으로 삼는다. 그로써 의식은 대자의 존재와 즉자의 존재가 온전히 일치하는지 반성적으로 살핀다. 그리고 그 둘의 일치를 통해 자신의 지식이 진리가 될 수 있도록 자신(의 생각)을 객관적인 것(보편성)으로 변경해 나간다. 그에 따라 대상(적인 것) 또한 변한다. 이러한 변증법적 실행은 끝없이 상승하는 자기교정의 정신적 깨어남, 곧 합리적 성장의 과정이다. 주체는 그 과정을 통해 즉자적 존재와 대자의 존재를 화해해 종국적으로 존재의 일치 상태, 곧 절대정신에 도달한다.

인간은 우주적 존재다

니체 또한 헤겔처럼 끊임없는 자기극복을 강조한다. 우리는
오직 그리함으로써 궁극적으로 디오니소스적 생명이라는
실재에 참여할 수 있기 때문이다. 무엇보다도 우선 '에고의
오류'로부터 벗어나야 한다. 자신을 홀로 존재하는 개인으
로 여겨 만사를 자신에 따라 가늠하는 에고이즘에서 해방
돼야 한다. 우리 모두 우주라는 단 한 그루 나무의 싹들로
서 개인, 곧 개별적 존재는 환영이기 때문이다. 니체는 다음
과 같이 썼다.

개별적 자신은 오류다. 우리 가운데 발생하는 모든 것 자체는 우
리가 알지 못하는 다른 무엇이다. … '개인'은 단순히 의식적 감정
들과 판단들과 오인들의 합계, 하나의 믿음, 진정한 생명계의 한
부분 혹은 함께 속하지 않는 수많은 조각을 함께 생각하고 함께
직조한 수많은 부분의 '통일'이다. 우리는 단 한 그루 나무의 싹
들이다. 나무의 관심들에서 우리가 무엇이 될 수 있을지 우리가
무엇을 알겠는가. 그런데 우리는 마치 모든 것을 할 것 같고 해야
하는 것처럼 하나의 의식을, '나'와 '나 아닌' 모든 것이라는 환상

을 지니고 있다. 자신을 그러한 환상의 에고로 느끼는 것을 그만두라. 이른바 개인을 버리는 것을 차츰 배워라. 에고의 오류를 깨달아라. 에고이즘을 오류로 인식하라. 반대를 이타주의로 이해하지 마라. 그것은 다른 이른바 개인들에 대한 사랑일 것이다. 아니다. '나 자신'과 '네 자신'을 넘어서라. 우주적으로 경험하라.[40]

개인이라는 환상을 버리고 우주적으로 경험하라는 니체의 권고는 흥미롭게도 동양 현자들의 가르침과 정확히 같다. 장자는 심지어 우리의 몸과 생명도 우리의 것이 아니라 도道가 위임한 이미지이자 조화로 본다. 개인적 존재 또한 우리 것이 아니라 도가 위임한 적응성이다.[41]

선사禪師들은 우리가 소중히 여기는 우리의 '자아'를 단순히 하나의 관념으로 본다. 그러한 까닭에 '자아'의 개념은 현명하게 사용하면 쓸모가 있지만, 그것을 진정한 우리 자신과 동일시하면 큰 문제를 야기한다. 니체의 우려처럼 마치 만물이 우리를 중심으로 돌아가는 것처럼 만물을 우리의 척도에 따라 가늠하는 ('인간은 만물의 척도'라는 프로타고라스식의) 큰 착각을 낳는다.[42]

우선 우리는 (우리 자신에 대한) '관념'이 아니다. 그리고 주체와 대상은 뗄 수 없이 묶여 있다. 주체는 대상을 만들어내고 대상은 주체를 만들어낸다. 주체와 대상은 그뿐 아니라 다른 모든 존재와 얽혀 있다. 독립적 주체라는 감각은 니체가 주장했듯 행위에 행위자를 첨부함으로써 생겨난다. '그것이 나를 숨쉰다.'가 아니라 '내가 숨쉰다.'고 생각한다. 내가 무엇인가 결정해 행동한다고 생각하면서도, 그렇게 결정하기로 결정한 무엇에 대해서는 생각하지 않는다. 내 결정이 모종의 무엇에 의해 결정됐다는 생각은 결코 하지 않는다. 모든 사태가 "내 안의 딸꾹질처럼 혹은 내 밖에서 지저귀는 새처럼"[43] 그냥 그렇게 일어난다고는 생각하지 않고, 내가 그것을 일으켰다고 착각한다.

니체의 자기극복은 세 단계로 이뤄진다. 『차라투스트라는 이렇게 말했다』에서 낙타가 사자로, 사자가 어린아이로 변하는 과정은 그것의 비유다. 첫 번째 단계는 타율적 존재다. 타자의 명령에 충실히 복무하는 낙타처럼 누구보다 더 잘 따르며 배우는 것을 자랑으로 여긴다. 두 번째 단계는 자율적 존재다. 타자의 명령을 "내가 할 것"이라고 선언하며 용을 물리치는 사자처럼 타자에 대한 흠모와 존경의 마음을 부수고 독립적인 자유정신으로 우뚝 선다. 모든 존경하는 것들의 비판자가 된다. 세 번째 단계는 우주적 존재다. 자신이 소유한 것들, 그리고 자신마저 망각한 채 새로운 (놀이를 만드는) 놀이에 빠지는 천진무구한 어린아이처럼 생성 중인 생명의 흐름에 뛰어들어 거기 있는 모든 것을 긍정하며 자유롭게 유영하는 정신, 곧 그물에도 걸리지 않는 자유로운 정신이 된다. 이것은 첫 번째, 악의 성향을 극복한다. 두 번째, 선의 성향마저 극복한다. 세 번째, 선과 악을 초월하는 자기극복의 과정과 다르지 않다. 그로써 우리는 100개의 눈을 가진 아르고스, "자기지식이 모든 것의 지식"[44]이 돼 어떤 지식의 미망에도 붙잡히지 않는다.

성철 스님이 사용해 유명해진 '산은 산이요, 물은 물이다'라는, 당나라의 선사 청원靑原의 법문은, 니체의 자기극복을 위한 세 단계와 유사하다. 선사는 이렇게 말했다. "선禪을 배우기 전에 나는 산을 산으로, 물을 물로 봤다. 더 깊은 지식에 이르자 산은 산이 아닌 것으로, 물은 물이 아닌 것으로 본 지점에 왔다. 그런데 이제 그 핵심을 파악했으니 나는 마지막 지점이다. 나는 산을 다시 한 번 산으로, 그리고 물을 다시 한 번 물로 보니 말이다." 만물이 처음처럼 '그저 그러함suchness'의 상태로 존재한다는 것을 아는 것이 마지막 단계다. 이것은 첫 번째 단계의 긍정과 두 번째 단계의 부정을 넘어선 다른 차원의 긍정이다.

범인凡人의 눈에 산은 산이다. 그런데 선을 배워 보이는 현상은 실재가 아니라는 것, 그리고 실재 또한 공空이라는 것을 알고 나니, 산은 더는 산이 아니다. 그런데 또다시 말과 관념의 영역인 앎과 모름을 넘어 이것이면서도 이것이 아닌 상태에 이르니 공 또한 비워야 할 대상이고,[45] 선의 종착점이

일상의 삶이라는 것을 깨달으니[46] 산은 다시 산이다.

선의 목표는 니르바나에 이르는 것, 곧 모든 번뇌가 모두 소멸돼 진정한 해방을 얻는 것이다. 주체와 대상, 현상phenomena 과 본체noumena, 내재성과 초월성, 유한과 무한, 삶과 죽음 등 일체의 분별이 없는[47] '그저 그러함'의 상태에 머무는 것이다. 그리하기 위해서는 분별을 일으키는 마음과 생각을 비워야 한다. 그로써 궁극적 실재인 생명의 흐름을, 마치 음악을 듣듯 의식으로 붙잡거나 중단하지 않은 채 그것과 하나가 돼 함께 움직여야 한다. 대자의 존재에서 즉자의 존재로 이행해야 한다. 그리할 때 나는 곧 우주다. 그런데 생각을 없애고자 하는 것이나, 생각을 없애지 않고자 하는 것이나 둘 모두 마치 피로써 피를 씻고자 하는 것처럼 생각에 붙잡힌다. 그런 까닭에 선은 우리에게 사태를 직각直覺하고 직행直行하라고 가르친다. 중국 당나라의 임제의현臨濟義玄 선사는 이렇게 말했다. "옷 입을 시간에는 옷을 입어라. 걸어야 할 때는 걸어라. 앉아야 할 때는 앉아라."

○ 4부 | 위대한 허구

우리의 내면을 압박하는 현실

우리가 살아가는 현실은 인간의 공작물이다. 우리의 세계, 더 나아가 인간(이라는 개념)마저 인간 자신이 만들었다. 그러한 공작은 앞으로도 부단히 이어질 것이다. 프랑스의 작가 보부아르Simone de Beauvoir는 이렇게 말했다. "여자는 태어나는 것이 아니라 되는 것이다." 여자는 사회적이고 역사적으로 만들어진 존재라는 이 말은 여자를 넘어 인간으로 확장된다. '단 한 명의 인간'을 뜻하는 개인[48]은 현대의 발명품이며, 오늘날 소중한 의미를 지니는 '프라이버시'는 그리스에서 정치적 영역이 박탈된privatized, 따라서 시민 자격이 없는 상태를 뜻했다. 타지 사람들은 괴물 혹은 동물 존재로 간주됐고, 여자는 서구에서 오랫동안 인간과 동물의 사이 존재인 하부인간subhuman, 곧 훈육해야 할 미숙한 인간으로 간주돼 정치적이거나 사회적인 자리가 없었다. 보부아르의 지적 삶과 내밀한 삶의 동반자였던 프랑스의 작가이자 철학자 사르트르Jean-Paul Sartre가 "실존은 본질에 앞선다."고 갈파한 것처럼[49] 인간의 본질은 하늘에서 뚝 떨어진 것이 아니다. 그것 또한 인간이 만들었으며, 그런 까닭에 얼마든 변할 수 있다. 예컨대 서구인이 마음속 깊이 지닌 죄책감에 대응하는 일본인의 감정은 부끄러움으로서 감정의 원천이 다른 만큼 표현 방식이 다르다.

세계도 인간의 공작물이다. 엄밀히 말해 즉자적 존재인 자연의 사물을 제외한 모든 것이 그렇다. 태양과 달, 나무와 바람 등 우주의 모든 존재가 그러하다. 인간은 그 존재에 이름을 붙이고 개념의 테두리를 부여함으로써 일정한 의미를 공유하는 까닭에 자연의 사물이 자칫 인식의 영역에 속하는 것으로 오인한다. 사물과 사물에 '대한' 관념은 다르다. 자연의 사물은 인간사와 전적으로 무관하다. 그에 반해 인간이 짓고 인간이 살아가는 인간의 세계는 정확히 인간의 특성에 따라 구조화된다.

인간은 일차적으로 사회적 존재다. 인간이 지구에서 번성하게 된 것은 오직 그것 덕분이다. 지금까지 모든 지식인은 그 점에 동의한다. 프랑스의 철학자 베르그송Henri Bergson의 통찰에 따르면 인간은 "아주 작은 사회"를 위해 만들어진 존재다. 인간의 문명은 그것이 아니었으면 형성될 수 없었다.[50] 작은 규모의 무리로 사는 것이 인간의 본디 특성이다. 베르그송에 따르면 그러한 특성은 현대에 이르러 내면 깊이 잠복해 (적어도 표면적으로는) 보기 어렵다. 그런데 우리는 그것을 우리 당대의 '네트워크화된 개인주의Networked Individualism'

의 부족주의와 정체성 전쟁(정치)[51]에서 새삼 확인하니 역사란 참으로 아이러니하다.

인간의 또 다른 특성은 전쟁 본능이다. 전쟁 본능은 개인이든 집단이든 소유권에서 비롯한다. 인간은 쾌락, 사치, 그리고 부를 소유하기 위해, 그뿐 아니라 그것들을 더 오래 더 많이 소유하기 위해 싸운다. 전쟁은 필연적이며, 따라서 자연스럽다.[52] "재산! 염병할 이 모든 것은 재산 때문이지." 〈씬 레드 라인〉의 웰시가 삶과 죽음이 풍전등화인 전쟁 상태에서 내뱉는 말이다. 인간의 역사는 전쟁으로 점철됐다. 유사 이래 전쟁 없는 사회는 존재한 적이 없다. 아벨을 죽인 카인 이후 인간은 태초부터 지금까지 파괴적 싸움을 이어간다. 평화는 전쟁 사이에 존재하는 막간의 휴지기다. 인간의 싸움은 기술의 발달로 상대를 온전히 말살할 만큼, 더 나아가 인간 자신의 유일한 서식지인 지구마저 파괴할 만큼 심각한 지경에 이르렀다. 그런데도 인간은 자신도 어찌할 수 없는 전쟁 본능의 힘으로 천한 욕망을 만족하는 쪽으로 자신과 세계를 몰고 간다.[53] 소유욕을 다스릴 정신이 절실하다. 베르그송은 그것을 금욕적 신비주의에서 모색한다.

베르그송에 따르면 우리에게는 인간의 특성에서 분기돼 나온 광적인 두 대립적 경향이 있다. 문명의 진보는 그 둘의 진동으로 전개된다. 하나가 복잡성의 증대라면, 다른 하나는 단순성의 회귀다. 소크라테스의 사유로부터 분기된 키레네 학파와 견유학파, 그리고 거기서 전개돼 나온 에피쿠로스 철학과 스토아 철학이 원형이다. 무려 2,000년 전에 생겨난 이 두 극단적 경향이 초시대적으로 의미가 있는 것은, 그 둘은 행복에 이르기 위해 고안된 두 광적 충동이기 때문이다. 안전 없는 행복은 없다. 두 충동은 그것을 도모하는 두 대조적 방식이다. 에피쿠로스 철학이 사물의 지배를 통해 안전을 도모한다면, 스토아 철학은 자아의 지배를 통해 그리한다. 전자는 허영을, 후자는 자긍심을 향한다.[54]

물질주의가 무한 질주하는 지금 여기 우리에게 필요한 것은 정신주의다. 베르그송은 아득하게 멀어진 신비주의가 소생해 금욕주의를 불러올 것이라 생각한다. 우리의 거대해진 육신에 걸맞은 영혼이 회생해 기쁨이 쾌락을 퇴색하리라 희망한다. "인류가 자기 자신의 진보의 무게 아래 반쯤 부서져 신음하고 누워 있는"[55] 오늘날 우리는 우리의 삶을 이어갈지 말지 결단해야 할 요청에 직면해 있다.

현실의 폭력에 맞서는 내면의 폭력

스티븐스 또한 현실 세계가 폭력적이라 생각한다. 폭력적 현실이 압박해 우리를 목전의 현실에 밀착하게 함으로써 영혼을 잃고 비루한 삶을 살게 한다고 생각한다. 현실 세계는 그 자체가 전쟁이다. 전쟁 상황에서는 모두 생존에 매달린다. 눈뜨고 눈감을 때까지 각종 매체가, 광고 이미지가 우리를 사방에서 융단폭격 하며, 우리는 그 한가운데서 더 잘 팔리고 더 값나가는 상품이 되기 위해 안간힘을 쓴다. 집세를 내고, 통신비를 내고, 밥값을 벌기 위해 날마다 생존 전쟁을 치른다. 생존 전쟁은 재산과 욕망의 전쟁으로 이어진다.

헤겔은 이렇게 비판한다. 시간에 내몰린 현대인은 일상의 사소한 것들에 엄청난 관심을 쏟는다. "현실에 대한 깊은 관심들과 그것들과 연관된 분쟁은 마음의 모든 힘과 능력을 지나치게 뺏어서 더 높은 내적 삶을 위한 자리를 전혀 남기지 않는다."[56] 그리하여 현대인은 조용히 머무는 능력을, 홀로 조용히 숙고하는 힘을 잃고 폭력적 감정에 손쉽게 빠진다. 스티븐스는 다음처럼 썼다.

내가 말하는 현실의 압박이란 외부 사건 혹은 사건들이 의식을 압박해 숙고의 힘을 배제하는 것을 의미한다. … 전쟁은 오직 전쟁 같은 전체의 한 부분일 뿐이다. … 우리는 그러므로 일련의 사건들, 정신으로 진정할 수 있을 우리의 힘을 넘칠 뿐 아니라 감정들을 폭력적이도록 휘젓는 직접적이고 즉각적이고 진짜인 것에 우리가 매달리게 하는 사건들에 … 직면하고 있다.[57]

우리가 목전의 현실에 붙잡혀 사는 대가는 상상력의 상실이다. 눈에 보이지 않는 것을 상상하는 힘과 그로써 현실의 압박으로부터 벗어나 사는 고귀한 삶의 상실이다. 플라톤이 '천상을 날아다니는 날개 달린 천사'라는 영혼의 관념에 기초해 우아한 삶을 펼친 것은 그것이 진짜라서가 아니다. 그에게 그것은 우리만큼이나 비현실적이지만, 그는 우리와 달리 그러한 '멋진 난센스'에 자신을 거침없이 기탁할 수 있었다. 그에 반해 "우리는 영혼이 존재하지 않는다는 것을 돌연히 떠올리며 비상의 기가 꺾인다."[58]

모든 위대한 것이 부정되고 신앙이 쇠락한 우리 시대에 여전히 시인이 성립할 수 있다면 그는 무엇보다도 미래는 더 치명적일 바로 그 현실의 압박에 저항할 수 있는 자다. "외부의 폭력으로부터 우리를 지켜줄 내면의 폭력"[59]을 만들어내는 자다. 여기서 내면의 폭력이란 "현실의 압박에 맞서는 상상력"을 가리킨다. 상상을 통해 현실의 압박으로부터 벗어나 우리 자신의 삶을 살 수 있게 하는 힘이다. 스티브스에게 상상력은 현실 세계로부터 동떨어진 채 현실적으로 아무 쓸모없는 단순한 비현실이 아니라 현실과 상호의존적인 것으로서 현실만큼 중요하다. 상상력은 현실적인 것들만큼이나 우리로 하여금 삶을 살아갈 수 있게 하기 때문이다. 시인의 기능은 사람들이 그리할 수 있도록 돕는 것이다.[60]

시인은 어떻게 그리하는가? 현실에 대해 고유한 의미를 지닌 시인은 자신의 상상력을 통해 직접 경험한 삶을 시로 짓는다. 그리고 그의 말들이 우리의 마음의 빛이 되도록 함으로써 우리 또한 그로써 '삶의 맛'을 경험해 살아갈 힘을 얻게 한다. 스티브스에 따르면 시인이 창조한 다음의 경험을 우리가 갖게 된다면 시인이 어떻게 사람들로 하여금 자신의 삶을 살 수 있도록 돕는지 우리가 알 수 있을 것이다.

> 이 도시는 지금 의상처럼 옷을 입는다.
> 아침의 아름다움, 온통 침묵하는
> 가게들, 탑들, 돔들, 극장들, 사원들이 있다
> 들판으로, 그리고 하늘을 향해 활짝 열린 채
> 연기 없는 대기 속에 온통 밝고 반짝이며[61]

스티브스의 주장대로 영국의 시인 워즈워드 William Wordsworth의 이 시어를 마음의 빛으로 삼아 내일 아침을 지금까지의 아침들과 전혀 다르게 경험할 수 있다면 우리는 앞으로 아침마다 (우리도 모르게) 새로운 세상을 볼 것이다. 다음의 스티브스의 시 「차」도 그러하리라.

> 공원의 코끼리 귀가
> 서리로 시들 때,
> 그리고 길 위의 나뭇잎들이
> 생쥐들처럼 달릴 때,
> 네 램프불이
> 빛나는 베개들에 떨어졌다.
> 바다 그늘과 하늘 그늘을 드리우며,
> 자바의 엄브렐러처럼

스티브스의 주장이 옳다면 「차」를 마음에 간직한 사람은 추운 겨울이든, 낙엽 떨어지는 을씨년스러운 가을이든 차를 대할 때마다 차를 다르게 보고 다르게 감각할 것이다. 코끼리의 귀에서, 그리고 돌돌 말린 마른 차 잎에서 서리를 볼 것이다. 발 밑의 낙엽들이 바람에 휩쓸려 갈 때 혹은 차 잎들이 뜨거운 물 위로 퍼져갈 때 생쥐를 떠올리며 웃음을 머금을 것이다. 차의 밝은 빛과 상승하는 김에서 베개의 친밀감을 느낄 것이다. 뜨거운 여름 바다와 하늘이 주는 포근한 안식을 상상할 것이다. 이탈리아의 시인 레오파르디 Giacomo Leopardi는 이렇게 썼다.

눈으로써 그는 탑을, 풍경을 볼 것이다. 귀로써 그는 종소리를 들을 것이다. 그리고 그와 동시에 상상력으로써 그는 다른 종을, 다른 풍경을 볼 것이며, 다른 소리를 들을 것이다. 사물들의 모든 아름다움과 즐거움은 두 번째 종류의 대상에 있다. 그저 단순한 대상들, 눈, 귀, 그리고 다른 감각들에 의해 지각되는 그러한 대상들만 보고, 듣고, 느끼는 삶은 슬프다.[62]

사태가 진실로 이러하다면 현실에 붙잡혀 부박하게 사는 우리에게 절실한 것은 삶에 생기를 부여해줄 바로 그 빛이다. 현실을 견딜 뿐 아니라 따뜻하게 살게 해주는 상상의 힘, 곧 현실을 새롭게 조형하는 픽션이다. 진정한 시어들은 우리의 생기를 회복하게 하며 우리의 생명력을 증대하게 한다. 그러므로 우리는 프랑스의 실천적 사상가 베유[Simone Weil]의 다음 말에 깊이 공감하지 않을 수 없다. "노동자는 빵보다 시가 더 필요하다."[63]

줄곧 하강해온 허구의 중심

우리의 삶이 평온하고 기쁘지 않다면, 기쁘기는커녕 번잡하고 힘겹다면, 더 나아가 무의미하다면, 그것은 우리가 천사나 영혼을 더는 믿지 않기 때문이다. 세계의 신비를 더는 찾거나 보려 하지 않기 때문이다. 현실에 포박돼 그러한 위대한 허구에 내어줄 마음이 없기 때문이다. 어린 왕자가 진실로 중요한 것은 눈에 보이지 않는다고 했지만, 우리는 그 말을 쉬이 안중에 두지 않는다. 현실 세계의 지고의 가치는 밥이며, 돈이라는 사실에 한 치의 의심도 하지 않기 때문이다.

그런데 어린 시절 하늘에 떠 있는 구름을 보며 상상의 즐거움에 빠지지 않았던가? '푸른 하늘 은하수 하얀 쪽배에 계수나무 한 나무 토끼 한 마리'를 부르며 행복하지 않았던가? 삶의 꿈마저 사치인 현실 세계에서, 현실에 전혀 쓸모없는 어린 시절의 몽상이나 시적 몽상에 잠기는 일은 삶에 전혀 무익한, 참으로 철이 없거나 한심한, 퇴행적이거나 어리석은 짓일지 모른다. 그런데 현실의 요구에 충직하게 사는 것이야말로 참으로 어리석은, 어리석을 뿐 아니라 심지어 인간으로 살기를 포기한 삶이라고 한다면 어쩌겠는가? 프랑스의 철학자 바슐라르^{Gaston Bachelard}는 이렇게 썼다.

> 시적 몽상은 우리에게 세계들의 세계를 준다. 시적 몽상은 우주적 몽상이다. 그것은 아름다운 세계, 아름다운 세계들의 열림이다. … 현실 세계에 직면하자마자 우리는 우리 자신이 걱정의 존재라는 것을 발견할 수 있다. 그리고 세계 속으로 던져져 세계의 비인간성과 부정성으로 넘겨지는데, 세계는 그때 인간적인 것의 부정이다. 우리의 '현실 기능'은 우리가 현실에 적응하기를, 우리가 우리 자신을 하나의 현실로 구성하기를, 우리가 상품들을 생산하기를 요구한다. 그런데 몽상은 바로 그 본질 때문에 우리를 '현실 기능'으로부터 해방해주지 않는가? 그것을 철저히 단순하게 고려하는 순간 몽상은 적대적이고 낯선 비-자아의 모든 야만성의 주변에서 인간의 영혼을 지키는 정상적이고 유용한 '비현실 기능'을 증언한다.[64]

앞서 썼듯 우리의 현실에는 여러 세계가 있다. 대개 정치, 섹슈얼리티, 종교, 직업 등 모종의 현실적 사태에 대한 생각이나 이념, 그리고 행동을 공유함으로써 생기는 정체성이 중심이다. 지구가 평평하다고 믿는 사람들은 동료, 친구, 연인, 심지어 가족의 유대까지 잃어버리는 고통을 감내한다. 그리고 정확히 바로 그 단절과 불통의 고통 때문에 자신의 믿음을 공유하는 이들로부터 위로를 얻고 그들과 함께 연대를 구성한다.[65] 그런데 지구가 구체라는 사실을 불신하는 이들을 '더닝 크루거 효과Dunning-Kruger effect'[66] 이론으로 처분해버리는 것은 간단하고 쉽지만, 어떤 사태에 대한 특정한 생각이나 믿음이 어디서 비롯하고, 그러한 믿음이 그것과 맞물린 사람들의 삶에 얼마나 큰 영향을 미치는지 파악하는 것은 그리 쉽지 않다. 중요한 논점은 '영혼'이라는 존재처럼 과학적으로 반박하거나 입증할 수 없는 수많은 사태에 대해 우리는 서로 다른 생각과 다른 믿음을 가질 수 있다는 것이며 그로써 다른 삶을 산다는 것이다.

종교가 대표적으로 그렇다. 신이나 부처의 존재를 믿는 자와 믿지 않는 자는 삶과 죽음을 대하는 태도가 같을 수 없다. 행복에 이르는 방편을 현실 세계를 구성하는 가치(돈, 명예, 권력)에서 구하는 물질주의자와 현실 세계로부터 벗어난 가치(마음의 평온, 영혼의 성장, 깨달음)에서 찾는 정신주의자는 삶과 죽음을 대하는 태도가 다르다. 지구 환경이 파괴되는 것을 염려해 적극 나서서 행동하는 자와 지구 환경이 파괴된다는 사실을 받아들이지 않거나 외면한 채 생산주의에 헌신하는 자는 삶의 방식은 다르다. 죽음은 삶이 끝날 때 만나는, 삶과 대치되는 아득한 사태로 생각하는 자와 죽음과 삶은 나눌 수 없는 '항상 그리고 이미' 공존하는 현상으로 생각하는 자는 죽음에 대한 생각이 다르다. 홀로 조용히 되돌아보는 시간을 삶을 살아가는 힘으로 삼는 자와 홀로 조용히 있는 시간을 견디지 못하는 자는 삶의 방식은 다르다. 뭇 사물을 도구나 재산으로 보는 자와 사물들을 '보이지 않고 들리지 않고 만질 수 없는 것'으로 둘러싸인 신비한 존재로 보는 자는 경험의 내용이 다르다. 보이는 것이 모두라고 믿는 사람과 소중한 것은 보이지 않는다는 어린 왕자의 말을 믿는 사람은 동일한 사태를 다르게 본다. 스티븐스는 이렇게 썼다. "예컨대 활기, 따라서 강도의 정도들처럼 상상력의 정도들이 있다. 이것이 함축하는 것은 현실의 정도들이 있다는 것이다. ··· 이것은 오직 상상력과 현실의 관계의 토대에서 이뤄질 수 있다."[67]

핵심은 이것이다. 우리가 살아가는 세계는 우리가 무엇을 상상하거나 믿는지 그 심급에 따라 다르다는 것. 사태가 진실로 이러하다면, 우리가 최상의 삶을 살고자 한다면 우리는 응당 지고의 허구(에 대한 믿음)가 필요하지 않을까?

20세기의 탁월한 문학 비평가 프라이Northrop Frye에 따르면 서구 문화에는 다섯 단계의 허구가 있다.[68] 첫 번째 최상의 단계는 신화로서 그 중심에 다른 인간들과 그들의 환경에 비해 탁월성의 정도가 차원이 다른 영웅, 곧 신적 존재가 있다. 두 번째 높은 단계는 전설에 해당한다. 그 중심에는 다른 사람들과 자신의 환경에 비해 우월하지만 그것이 정도의 문제인 로맨스의 영웅, 인간이 있다. 세 번째 중간 단계는 대개 서사시나 비극이다. 다른 사람들보다는 우월하지만 자신의 자연 환경보다는 우월하지 않은 높은 미메시스의 영웅인 지도자가 중심이다. 네 번째 단계는 대개 희극이나 리얼리즘 픽션에 해당한다. 다른 인간들과 자신의 환경에 비해 우월하지 않아 우리 중 한 사람에 속하는, 낮은 미메시스의 영웅이 중심이다. 다섯 번째 가장 낮은 단계는 아이러니로서 우리보다 힘이나 지성이 열등해 우리가 낮춰 보는 영웅이 중심이다.

2019년 칸영화제 황금종려상 수상작 〈기생충〉의 중심은 사기꾼으로 부자의 삶에 기생하는 반지하에 사는 가난한 기택 가족이다. 2018년 수상작 〈어느 가족〉 역시 상처받고 소외된 밑바닥 인생들이 어쩌다 잠시 형성한 가족 아닌 가족이다. 2018년 베니스영화제 황금사자상 수상작 〈로마〉의 주인공은 중산층 가족을 챙기는, 단지 임신 때문에 연인에게 버림받는 가정부다. 2017년 수상작 〈셰이프 오브 워터: 사랑의 모양〉의 주인공은 괴생물체와 사랑을 나누는 청소 노동자 벙어리 여인이다.

프라이가 말하고 싶은 요점은 이것이다. 유럽의 허구를 이루는 중심이 지난 1,500년간 점차 하강해왔다는 것. 베유에 따르면 우주를 지배하는 두 힘은 빛과 중력이다. 중력에 순응하는 것은 가장 큰 죄다.[69] 하강하는 영혼을 멈추게 하거나 다시 상승하게 할 수 있는 것은 오직 은총grace(우아함)뿐이다. 스티븐스에게 그것은 고결성nobility이다. 고결성은 시에 가치와 생명을 부여하는 힘, 우리의 "정신의 높이와 깊이"이기 때문이다. 고결성은 그뿐 아니라 우리의 자기보존본능의 기능이기도 하다. 시는 그로써 우리의 삶에 의미를 부여한다. 문제는 정신에 부가되는 압박이 나날이 가중돼 불신이 무력화된, 믿음의 문제에 대한 무관심이 만연한 시대에, 사람들이 고귀하고 상상력을 요청하는 예술적 대상에 좀처럼 마음을 내어주지 않는다는 것이다. 그리하여 여타 예술의 역사처럼 시의 역사는 '고결성의 묘지'가 된다.[70]

고결성이란 무엇인가? 고결성은 그 의미를 고정하면 안 된다고 여기는 까닭에 스티븐스는 그것을 파도를 구성하는 물이 아니라 파도에 비유한다. 물질이 아니라 물질을 움직이는 일종의 힘, 달리 말해 현실의 압박에 저항하는 정신의 힘이라고 할 수 있다. 그는 그것을, 영국의 레스터미술관에 전시된 영국의 화가 엡스타인Sir. Jacob Epstein의 꽃 그림에 대한 다른 이의 논평을 빌어 예시한다. 그가 옮긴 평문에 따르면 엡스타인의 꽃 그림들은 "외치며 모든 회화 공간을 폭발하게 하고, 반 고흐 이후 어떤 자연이나 물감의 꽃도 하지 않은 그러한 형태와 색깔의 분노로써 세상의 분노에 널리 맞선다."[71] 그는 또한 영국의 시인 셸리Percy Bysshe Shelley의 글을 빌어 고결성을 신성성과 연결한다. 셸리에 따르면 인간의 최고의 정신적 기제의 산물인 시는 진실로 신성한 무엇이며 지식의 중심이자 테두리로서 삶의 공백에 출몰하는, 그리고 사라지는 환영을 붙잡는다. 다르게 말해 시는 인간 속의 신성성이 방문할 수 있도록 그것을 퇴락으로부터 지키며 복구한다.[72] 그리하여 시는 "변함없는 생명의 빛"으로서, 특히 사악한 시간, 사악한 시대에 아름답거나 너그럽거나 진실한 것이 존재할 수 있도록 해주는 원천이 된다. 고결성은 순수한 영혼의 몸짓이며, '우아함'의 다른 표현이다. 그런 까닭에 그것은 오직 우리가 영혼을 지닌 성스러운 존재라는 위대한 허구(사실)를 받아들일 때 나타난다.

은총이 찾아드는 영혼

베유가 주장하듯 하강하는 우리의 영혼을 구원할 수 있는 것이 오직 은총뿐이라면 오늘날이 불신의 시대인데도 은총이 가능한가? 신과 영혼을 포함해 정신적인 모든 것을 의심하는 물질주의, 과학주의, 세속주의 시대의 인간도 은총을 경험할 수 있는가? 볼로냐대학교 철학과 교수 밀라니^{Raffaele Milani}는 이렇게 대답한다. "은총의 신비는 모든 사람이 보도록 아우라, 곧 의미를 스스로 드러낼 뿐 아니라 숨기기도 하는 까닭에 정의를 빠져나가는 이상한 마술을 지속적으로 발산한다."[73] 은총은 인간의 역사에서 사라진 적이 없다는 것, 따라서 언제든 나타날 수 있다는 것이다.

그런데 우리는 은총을 어떻게 경험하는가? 은총의 경험은 수동적 사태다. 우리는 은총을 만질 수 없다. 은총에 관한 한 우리는 어찌할 수 없다. 전적으로 무기력하다. 은총은 우리 바깥에 우리와 무관하게 머물러 있는 까닭에 우리가 할 수 있는 것이란 그것이 나타날 수 있는 조건을 마련한 채 기다리는 것뿐이다.

은총의 관념은 신, 천사, 영혼 등 지고의 허구가 중심이었던 고대 세계가 분만했다. 그리하여 인간을 향한 '신의 사랑'의 나타남이라는 종교적 의미를 품은 채 철학, 신학, 예술 등의 역사를 면면히 이뤄왔다. '신의 죽음'은 세계의 급진적 전환과 함께 은총의 개념 또한 탈바꿈했다. 신을 믿는 자들은 모든 것이 신의 은총이라 여겼지만, 18세기 프랑스의 대표적 계몽 사상가 볼테르^{Voltaire}는 '어린 양을 발견한 늑대'도 신의 은총인지 자문해야 마땅하다며, 그러한 생각을 비꼬았다. 계몽의 시대는 은총의 개념을 수용하고 소생했지만 그것의 가치를 왜곡하고 변형함으로써 은총을 통속화하는 쪽으로 나아갔다.

다시 말하지만 은총은 인간 바깥에 머물고 있는 까닭에 인간이 어찌할 수 있는 것이 아니다. 따라서 은총이 왜곡되고, 변형돼 통속화됐다면 그것은 인간이 더는 은총을 은총으로 응대하지 않는다는 것, 은총을 더는 요청하지 않는다는 것, 그뿐 아니라 은총을 부정한다는 것을 의미한다. 은총이 우리에게서 멀어지거나 사라진 것이 아니라, 은총이 세속화된 것이 아니라 우리가 은총으로부터 멀어지고 세속화됐다는 것이다. 독일의 철학자이자 사회학자 짐멜^{Georg Simmel}은 이렇게 썼다. "계몽이 몇 백 년간의 종교교리 비평으로 역사의 첫 새벽부터 인간을 지배해온 갈망을 파괴했다고 생각한다면 눈이 멀었다."[74] 신의 죽음 혹은 부재가 성스러움마저 제

거한 것은 아니기 때문이다. 그럴 수도 없다. 신의 부재는 거꾸로 우리로 하여금 성스러움의 경험을 더 갈망하게 하기도 하고, 그로써 더 낳게 하기도 한다. 지금 여기 은총이 부재하다면 그것은 신이 아니라 전적으로 우리의 문제다.

은총은 어떻게 나타나는가? 베유에 따르면 우리는 우리 안에 은총이 들어설 '공허void'를 만들어야 한다. 공허를 받아들이고, 공허를 견뎌야 한다.[75] 노벨문학상 후보에 네 번 오른 프랑스의 철학자 티보Gustrav Thibon에 따르면 우리는 우리의 자아를 '죽여야' 한다. 마치 신이 모든 것이 되기를 멈춘 탓에 우리가 무엇이 될 수 있듯 신이 다시 모든 것이 될 수 있도록 우리가 무엇이 되기를 멈춰야 한다. 우리 자신을 없애야 한다. 그리하기 위해 우리는 "우리 자신을 삶의 송곳니에 벌거벗은 채, 무방비로 노출한 채 삶의 모든 상처를 견딜 각오를 해야 하며 공허, 곧 비대칭적 균형을 받아들여야 하며, 결코 보상을 구하지 말고, 무엇보다도 '은총이 흐르는 틈새를 끊임없이 막으려는' 상상의 작용을 중단해야 한다. 모든 죄는 공허로부터 도망가려는 시도다."[76] 갑옷 입은 영웅처럼 자아로 우리 자신을 방어하지 말고, 벌거벗은 성인처럼 자아를 벗어버린 채 "현실과 직접 접촉"하고 "현실과 내적이고 직접적인 교감"을 해야 한다. 한마디로 신이 신을 버렸듯 우리는 우리를 비워야 은총을 경험할 수 있다. 그리할 때 우리는 모든 형태의 대립을 넘어서는 종교적 차원에 이른다. 바흐나 그레고리오 성가를 들을 때 우리는 우리의 에고를 벗어나 팽팽하게 침묵하는 영혼으로 "완전한 아름 다움인 그것"과 만난다. 베유는 이렇게 썼다. "모든 최고의 예술은 본질적으로 종교적이다."

자아를 비우거나 자아로부터 초탈하는 과정은 신비적인 것이나 성스러움의 경험에 이르는 문이다. 자아의 폐기, 곧 무아無我의 상태는 앞서 서술한 '대립의 일치,' 곧 대립적인 것들이 동시에 현존할 수 있게 한다. 주체와 객체의 경계가 소멸되거나 불분명해지면서 무無이자 그와 동시에 온전함의 감각이 출현한다.[77]

이탈리아의 정신과 의사 파치넬리Elvio Fachinelli는 『무아의 마음The Ecstatic Mind』을 통해 그러한 상태에서 우리는 생명의 한 양상인 '넘치는 기쁨excess of joy'을 진실로 살 수 있을 가능성을 갖는다고 썼다.[78] 독일의 신학자이자 철학자 오토Rudolf Otto는 그러한 '도덕적 계기 없는 성스러움'의 사태를 '뉴미너스numinous'라는 용어로 정식화해 그것이 종교의 본질이라고 주장했다. 오토에 따르면 '온전한 타자'를 만나는 사태인 '뉴미너스'는 두 대립적 경향들이 동시에 현존하는 까닭에 개념화, 곧 규정적 판단이 불가능하다.[79] 따라서 마치 반성적 판단을 요청하는 칸트의 아름다움이나 숭고처럼 직접 경험하지 않고서는 이해할 수 없다. 그리고 '뉴미너스' 감정은 미학적 경험과 수많은 측면에서 비슷하지만, 어떤 사태와도 무관한 채 오직 "영혼의 바닥"에 그것의 궁극적 원천을 두고 있다는 점에서 다르다. 이탈리아의 시인이자 소설가 파베세^{Cesare Pavese}에 따르면 우리는 모두 '은총의 상태'를 지녔다. 우리 모두 무한의 관념에 즉각 반응한다. 예컨대 "텅 빈 하늘로 열린 계단 위의 어떤 단순한 창문은 우리를 은총의 상태로 이끈다."[80]

스티븐스에 따르면 시인의 경험은 신비주의자의 경험과 그리 다르지 않다. 시적 진실은 상상에 의해 우리가 실재와 일치되는 사태이기 때문이다. 실재를 개별적이고 특별하게 만나는 것으로서 예술의 경이와 신비는 종국적으로 종교적 경험처럼 '전적으로 다른' 무엇이 출현하는 사태다.[81] 현실 속 모종의 타자성 감각이 동요하는 사태다. 낯익은 것 속에 감금된, 일상성의 표면 아래 은닉된 낯선 것의 나타남이다. 세상의 모든 개별적 사태는 잠재적 시다. 도구성에 붙잡혀 우리가 그것을 시로 보지 못할 뿐이다. 따라서 영국의 미학자 루이스^{H. D. Lewis}는 이렇게 썼다. "우리는 우리의 마음을 세계 속으로 돌려보내어 사물들 가운데 항해하도록 우리 자신의 관습의 궤도로부터 벗어나야 한다. 우리는 만지고 봐야 한다. 성경이 가르치듯 우리는 우리 자신의 삶을 버리고 나서야 우리가 사물들을 구원했다는 것을 알 수 있을 것이다."[82] 아름다움은 보는 자의 눈이 아니라 사물들 속에 있다.

루이스는 예술과 종교의 친연성을 주장한다. 그 둘은 '우리의 것이 아닌 현실'을 우리에게 매개하기 때문인데[83] 그로써 우리는 우리가 통상적으로 볼 수 없는 것을 보게 된다. "우리는 푸른 하늘을 처음으로 본다. 그러니까 푸른 하늘을 그냥 보는 것이 아니라 보고 경험하고, 그리고 우리가 물리적인 시의 중심에 살고 있다는 감각을 처음으로 갖는다."[84] 우리는 우리 자신이 사물이 됨으로써 사물 존재를 만난다. 스티븐스의 시「눈 사람^{The Snow Man}」을 보라.

겨울의 마음을 가져야 한다.
눈으로 딱딱해진 소나무의
서리와 가지를 응시하려면

그리고 오래 추워야 하리라.
얼음으로 거칠어진 향나무를 바라보려면
아득히 반짝이는 거친 전나무를

일월 햇빛 속에서
어떤 비참함도 생각하지 않으려면
바람 소리에서
몇 안 남은 나뭇잎 소리에서
그것은 곧 대지의 소리,
같은 바람으로 가득 찬

헐벗은 같은 장소에서 부는
눈 속에서 귀 기울이는,
그리고 그 자신이 무無인 자는
거기 없는 무와 있는 무를 바라보는 까닭에.

우아함이라는 영혼의 몸짓

'우아함' 혹은 '고결성'은 영혼의 몸짓이다.[85] 그런 까닭에 그것은 바깥에서 부가되는 것이 아니라 내면에서 생성돼 나온다. 베르그송에 따르면 우리는 상상의 눈으로 모든 인간의 형태에서 "어떤 중력의 법칙에도 종속되지 않은 채 물질을 조형하는 영혼, 무한히 유연하고 끊임없이 운동 중인 영혼의 노고를 본다." 영혼은 신체에게 "약간의 날개달린 가벼움, 곧 물질을 관통하는 비물질성"을 부여한다. 그것을 '우아함'이라 부른다.[86]

우아함은 세계 속에 존재하는 하나의 방식[87]이다. 정장正裝은 매우 드물게 우아하지만, 여자 양치기의 옷은 종종 우아하다는 프랑스 계몽 시대의 정치학자 몽테스키외Charles De Montesquieu의 말처럼 그것은 존재의 어떤 방식이다. 예컨대 스토아 철학, 불교, 선 등은 우리가 세계 속에 우아하게 존재하도록 해준다. 이 사실은 다음을 시사한다. 우아함은 '세계 내 존재'의 존재 양식에서 출현한다. 따라서 전적으로 새로운 존재 양식이 펼쳐진 20세기 이후 예술과 철학, 심지어 일상 세계에서 우아함을 찾아보기 어려워진 것은 매우 자연스럽다.

현대 세계의 적자嫡子 모더니즘 예술은 미래파를 시작으로 충격, 도발, 키치 등 우아함의 잔해에 폭력적 반항의 기후를 형성했다. 시인 마리네티Filippo Tomaso Marinetti는 "별에 대한 도전"을 선포했고, 문학가 파피니Giovanni Papini는 "필요한 대량 학살"을 요구했으며, 화가이자 조각가이며 이론가 보초니Umberto Boccioni는 "습관의 힘으로 우리에게 소중하게 된 것들마저 파괴하고 짓밟기를" 독려했다. 특히 세계 대전 이후 기성 세계의 부정과 파괴로 성립하는 아방가르드, 그리고 '새로움' 자체를 핵심 가치로 삼는 각종 이즘은 우아함뿐 아니라 아름다움마저 퇴색하고 감각과 인식의 영역 밖으로 내몰았다.[88] 현대 세계를 지배하는 정동은 야만적 물질성, 곧 '반우아함'이며, 지금 여기 우리의 세계는 우울과 분노에 붙잡혀 있다.

우아함은 하나의 미적 현상이다. 독일의 미술 고고학자 빙켈만Johann Joachim Winckelmann에 따르면 우아함은 고대의 작품들이 현대의 작품들에 비해 탁월하다는 것을 인정하게 하는 가장 설득력 있는 증거로서[89] 항상 고요함에서 오는 내적 기쁨과 함께 한다. 빙켈만은 이렇게 썼다. "우아함은 하늘의 선물이다. 아름다움과 다르지만, 우아함은 가장 단순할 때 그러니까 화려함, 억제, 그리고 가장假裝된 재기才氣로부터 자유로울 때 완전하다."[90]

아름다움과 숭고에 관한 글로 널리 알려진 영국의 정치가이자 정치 사상가 버크[Edmund Burke]에 따르면 아름다움과 그리 다르지 않은 우아함은 "자세와 운동에 속하는 아이디어"로서 "어려움의 나타남"이 없고, "약간의 신체의 굴곡"이 있으며, 부분들이 서로 방해하지 않고, 날카롭거나 급박한 각도로 나뉜 것이 나타나지 않는다.[91] 달리 말해 우아함은 쉽고 섬세하고 부드러우며 능숙한 감각을 나타낸다. 우아함에 대한 버크의 글에서 흥미로운 점은 우아함이 지닌 마술이 '나는 무언지 모른다[je ne sais quoi]'라고 말하게 하는 나타남이라는 점이다. 더는 어떤 해명도 없이 던진 버크의 그 진술은, 우아함에 대한 빙켈만의 정식定式인 '우아함은 행하는 자와 행함의 조화'라는 견지에서 '작의 없는 나타남', 곧 '자연스러운 움직임'으로 이해할 수 있다.

계몽 이후 우아함의 미적 현상에 대해 신중하게 논의한 지식인은 독일의 시인이자 극작가 실러[Johann Christoph Friedrich von Schiller]가 마지막인 것 같다. 실러는 아름다움의 주제에 관한 서신을 끝낸 후 「On Grace and Dignity」를 발표했다. 그것은 미학에 관한 칸트의 관점을 비판하기 위해 발표한 첫 번째 주요 저작이다. 실러는 우아함에 대한 논의를 그리스

신화에서 시작한다. 그가 신화에서 읽어내는 요점은 네 가지다. 첫째, 우아함은 움직임의 특성이다. 둘째, 아름다움은 우아함 없이 존재할 수 있으나 오직 우아함을 통해서만 매력을 발산한다. 셋째, 우아함은 개인의 성격으로 변형된다. 따라서 우아함은 인간의 특권으로서 인간에게만 존재한다. 넷째, 우아함은 자유로운 형식이 산출하는 아름다움의 현상이다.[92] 여기서 움직임이란 실제적 움직임뿐 아니라 윤곽으로 변형된 몸짓 같은 가상의 움직임도 포함된다. 우리의 움직임은 늘 자발(의도)적이다. 그런데 우아함은 항상 자연적인 것, 곧 비자발적인 것으로 나타난다. "주체는 스스로 결코 마치 주체가 자신의 우아함에 대해 안 것처럼 보여서는 안 된다. … 그런데 우아함은 의도되지 않은 무엇이어야 하거나 그런 것으로 나타나야 하지만, 우리는 그것을 다소 의지에 의존하는 운동 가운데서 찾는다."[93] 우아함은 '의도적 운동의 비의도성'으로서 '감정의 도덕적 근거'에 상응한다.[94]

실러는 우아함의 핵심인 '비의도적 의도성' 혹은 '의도적 비의도성'의 특성을 이른바 "아름다운 영혼"의 개념으로 해명한다. 아름다운 영혼은 감각성과 이성, 그리고 의무와 성향이 조화를 이룬다. 거기서 우아함이 나타난다는 것이다. 그리하여 우아함은 그것이 대립적인 것의 조화에서 출현하는 한 어떤 시늉이나 긴장, 그리고 억압이 없으며, 가볍고 부

드러우면서 생기를 띤다. 그러므로 실러는 우아함을 여성의
덕의 표현으로 규정한다.

우아함이 아름다운 영혼의 나타남이라면, 남성의 덕의 표
현인 위엄은 도덕적 힘이 본능을 지배하는 '정신의 자유'의
나타남이다. 육체를 지배하는 정신의 나타남이다. 우아함
이 자의적 운동의 자유로움에 있다면, 위엄은 비자의적 운
동의 지배에 있다.[95] 우아함은 자연에서 정신의 명령을 수행
하는 반면, 위엄은 자연을 정신에 복속시킨다. 그런 까닭에
"위엄은 고통(파토스)에서 더 요청되고 더 나타나고, 우아
함은 에토스에서 더 그러하다. 감정의 자유는 오직 고통에
서만 자신을 드러내고, 육체의 자유는 오직 행동에서 그러
하기 때문이다."[96] 예컨대 잘못은 우아하게 나무라야 하고,
고백은 위엄 있게 해야 한다. 헌신은 우아하게 요구해야 하
고, 위엄 있게 실행해야 한다.

그런데 우아함과 위엄은 한 인격 안에서 배타적이지 않다.
둘은 상호보완적이다. 따라서 실러는 이렇게 썼다. "위엄은
오히려 오직 우아함만 인증하며, 우아함은 오직 위엄이 그
가치를 부여한다."[97] 그러므로 인간됨의 표현이 온전해지는
것은 우아함과 위엄이 통일될 때다.

실러에 따르면 최고 수준의 우아함은 뇌쇄적이다. 넋을 뺏

어서 우리를 그 속에 흘러 들어가게 한다. 자유가 주는 최고의 향유는 그것의 온전한 상실에 가깝다. 진정한 우아함은 우리를 그저 굴복하게 하고 기꺼이 따르게 한다.[98]

우아함graciousness은 종교적 의미의 은총과 중요한 연계성을 갖는다. 르네상스 시대의 우아함은 라틴어 "gratia"를 옮긴 말로서 '감사'와 '수혜'를 뜻한다. 식사하기 전의 은총의 말은 우리에게 궁박한 지난 시절을 기억하고 언제든 닥쳐올 수 있을 기근의 때를 상상하며 주어진 음식을 '감사하게' 한다. 소박한 음식이든, 풍성한 요리이든 우리 앞에 주어진 모든 사물을 충만한 것으로 대하고 받아들이게 한다. 그저 그렇게 있는 것들에서 내적 기쁨을 얻는 소박한 영혼의 몸짓인 우아함은 사물의 객관적 특성을 넘어 사물에 대한 주관적 판단이 더해짐으로써 (비례와 균제가 낳는) 객관적 차원의 아름다움을 넘어선다.

○ 5부 | 영혼의 집

무시간에 머물기

우리가 살아가는 세상은 영혼, 무한, 아름다움, 진리, 삶의 의미 등과 같이 계산할 수 없는 것이 들어설 자리가 없다. 억압되거나 변두리로 내몰린다. 시간도 그렇다. 프랑스의 문화 이론가 비릴리오^{Paul Virilio}의 말처럼 스마트폰이 일상화된 시대의 '인간 자원^{human resource}' 사용자는 언제든 필요할 때 연락하고 '인간 자원(노동자)'은 곧바로 뛰어간다.[99] 우리는 심지어 애도, 그리고 수면의 시간마저 최대한 줄여가며 살아간다. 생산의 가속이 구조화된 초자본주의 사회가 구축한 일상 세계의 단면이다.[100]

자신의 내면을 돌볼 시간이 절대적으로 필요하다. 목전의 사태를 떠나 홀로 고요히 머물 시간이 절대적으로 필요하다. "인간의 모든 불행은 고요한 방에서 홀로 앉아 있을 수 없는 데서 비롯한다."는 파스칼^{Blaise Pascal}의 말을 진중하게 받아들여 때때로 번잡한 세상사, 곧 용무와 쓸모로부터 해방될 필요가 있다. 세속의 관심사를 잠시 중단할 필요가 있다. 우리의 영혼은 오직 '무無시간'에서 숨쉬기 때문이다.

일이든 오락이든 일상사를 모두 중단한 채 잠시 가만히 있으면 세상에 내뱉지 못한 말들이 떠오른다. 어떤 이유로든 제대로 한 번 표현하지 못한, 마음 깊은 곳에 잠긴 감정들이 서서히 밀려온다. 한 번도 떠올리지 않은 혹은 극히 드물게 떠올렸던 아주 오래된 기억들이 희미하게 손짓한다. 말할 수 없는 막연한 그리움이나 아픔이 느껴지기도 한다. 이 모든 사태는 우리 영혼의 몸짓이다. 인간을 그저 생산자와 소비자로 환원해 인간 '자원'의 연로로 쉼 없이 돌아가는 현실 세계는 그것을 방치한다. 혹은 그것마저 상품으로 포획해 계산할 수 없고 상품화할 수 없는 '찌꺼기'는 폐기한다.

그러므로 진정 자신의 영혼에 관심을 가진 자라면, 진정 자신의 전齐 존재가 중요하다면, 사물을 가만히 바라보는 연습을 해야 한다. 그리고 사물을 '만나야' 한다. 그리하여 마음 깊은 곳에 유배돼 구금된, 현실의 압박에 내몰려 오랫동안 망각해온 영혼 혹은 진정한 삶의 내용을 때때로 복구하려 애써야 한다. 지금 여기 우리는 나날이 더 깊어가는 과거에 뿌리내려 자라나온, 그리고 앞으로도 끊임없이 자라나갈 존재의 한 단면이기 때문이다.

영혼이 응답하는 은총 혹은 은총에 응답하는 영혼은, 그리고 그로부터 생겨나는 우아함은 첫눈에 나타나지 않는다. 영혼을 한 순간이나마 혹은 조금이나마 건드리는 사건이 진실로 진정한 삶의 한 부분이다. 그것은 현실 세계에 자리가 할당되지 않기 때문이다. 그것은 죽비竹篦, 곧 우발적 부딪힘을 요청한다. 일상 세계에 함몰된 우리는 보면서도 보지 않고 들으면서도 듣지 않기 때문이다. 도구적으로 습관화된 지각은 마치 자동 기계처럼 저절로 움직여 지각의 사태를 마음에 챙기지 않는다. 우리는 때때로 가스레인지의 불을 껐는지 헷갈린다. 지난 일주일간 만난 사람들, 그들과 나눴던 이야기들, 끼니마다 먹었던 음식들과 그 감각들을 일일이 기억하기 어렵다. 생각해보라. 우리는 지금까지 살아온 뭇 경험 중 얼마나 기억해낼 수 있는가.

베르그송에 따르면 우리가 전 생애에 경험한 것은 모두 발생한 그대로 존속한다.[101] 베르그송이 '순수기억'이라 부르는 그것은 우리에게 종속되지 않은 채 '자족적으로 그리고 잠재적으로' 현재가 아니라 과거에 존재한다. 프랑스의 소설가 프루스트Marcel Proust에 따르면 우리의 기억은 '자발적 기억'과 '비자발적 기억'으로 구분된다. 지성에 봉사하는 '자발적 기억'은 우리가 필요할 때 언제든 활성화할 수 있는 반면, 전적으로 우연에 의존하는 '비자발적 기억'은 의지로 결코 복구할 수 없다. 베르그송의 '순수기억'에 해당하는 '비자발적 기억'은 오직 마들렌의 냄새처럼 사소한 어떤 사물에 의해 돌연히 활성화될 수 있을 뿐이다. 지성의 장악을 벗어난 그리하여 문득 살아온 삶의 내용을 일깨우는 그러한 기억은 사물들을 만날 때,[102] 다르게 말해 도구성에 해방된 '무시간' 속에서만 우리를 방문한다.

흥미로운 것은 다음의 사실이다. 우리가 어떤 이유로든 지금 여기 '의식의 수준에서 경험하지 않은' 사물의 인상들과 감각들은 우리의 (비자발적) 기억의 일부를 형성한다는 것이다. 그러한 사실이 말해주는 또 다른 흥미로운 사실은 우리가 일상에서 정보로 처리하는 대상들은 우리에게 아무것도 남기지 않고 사라져버린다는 것이다. 발레리는 그것을 "부서지기 쉬운 다리"라는 멋진 표현으로 다음과 같이 설명한다.[103] 일상적 언어나 도구처럼 우리가 수단으로 쓰는 대상들은 이해(언어)나 기능(도구)이 끝나는 순간 투명해져 우리의 의식에서 사라진다. 우리는 마치 "부서지기 쉬운 다리"처럼 그것들을 멈추지 않고 재빨리 통과해 의미나 기능만 취하기 때문이다. 그런데 어떤 이유로든 그렇게 하지 않고 어떤 대상을 수단이 아니라 목적으로 삼은 채 가만히 응시하면 우리와 의미(기능)를 연결하는 다리가 붕괴돼 존재의 심연(신비)에 빠진다. 어떤 언어든 사물이든 골똘히 바라보면 익숙한 형식이 사라지면서 낯선 존재로 나타난다. 이것이 바로 앞서 언급한 '은총은, 그리고 그로부터 주어지는 우아함은 첫눈에 나타나지 않는다.'는 말이 뜻하는 바다. 그리고 그것이 정확히 우리가 사물을 하나의 존재로 응대한 채 찬찬히 바라봐야 하는 이유다.

사물 만나기

'사물을 만난다.'는 것은 무엇인가? 그것은 우리가 사물을 방편이나 수단이 아니라 목적, 곧 사물 자체로서 만나는 사태다. 독일의 철학자이자 문화 비평가 벤야민^{Walter Benjamin}은 그것을 '아우라'라는 개념으로 해명한다. 벤야민에 따르면 아우라는 아무리 가까이 있어도 거리라는 특이한 유령이 발생하는 현상이다. 가까운 대상인데도 우리와 그것 사이에 '거리의 유령', 곧 가상의 거리가 생기는 것은 인간관계에서 흔히 발생하는 반응이 인간과 사물의 관계로 전이되기 때문이다.

어떤 사람을 볼 때 우리는 암묵적으로 그가 우리를 볼 것이라고 기대한다. 우리는 시선 권력의 유일한 주체가 아니기 때문이다. 우리가 응시하는 그 사람 또한 언제든 우리를 바라볼 수 있고, 그때 우리는 주체에서 대상으로 위치가 바뀌기 때문이다. 발레리가 서술한 꿈의 지각이 그것과 유사하다. 그는 이렇게 썼다. "'내가 그렇고 그런 어떤 대상을 본다.'는 것은 나와 대상 사이에 등식을 확립하지 않는다. …

그런데 꿈에서는 등식이 있다. 내가 보는 사물들은 정확히 내가 그것들을 보는 만큼 나를 본다."[104] 벤야민은 이렇게 썼다. "우리가 쳐다보는 대상의 아우라를 지각한다는 것은 대상이 그에 대응해 우리를 쳐다볼 수 있는 능력을 (우리가) 부여한다는 것을 뜻한다."[105]

사물과 만나는 사태를 프랑스의 철학자이자 비평가 바르트Roland Barthes는 벤야민의 아우라 개념과 유사한 '푼크툼punctum'이라는 용어로 해명한다. 푼크툼은 "내 지식, 내 문화의 결과로 익숙하게 지각하는 시각장의 연장"을 지닌, 그래서 "항상 고전적 정보 덩어리"를 지시하는 '스투디움studium'과 달리 "그 스투디움을 파괴하거나 중단한다."[106] 푼크툼은 한마디로 코드화된 스투디움과 달리 내가 명명할 수 없는 타자다. 그리하여 "(내가 내 주권적 의식에 '스투디움'의 시각장을 부여하듯) 그것을 탐색하는 것은 내가 아니라 장면으로부터 솟아나와 화살처럼 쏘아 나를 관통하는 그 요소(푼크툼)다."[107] 예컨대 대부분의 뉴스 사진은 푼크툼이 없다. 우리는 저널에 게재된 뉴스 사진들을 단 한 번 지각해 수용하지, 이리저리 뜯어보거나 골똘히 보지 않는다.

바르트의 '스투디움-푼크툼' 개념에서 흥미로운 것은 '푼크툼'이 대개 '스투디움'의 디테일에 있다는 것이다. 푼크툼은 대개 대상의 '디테일'이라고도 할 수 있다. 바로 그로써 우리의 시선을 끌 뿐 아니라 그것을 '다른' 대상으로 보게 한다. "디테일은 내 독해 전체를 압도한다. 그것은 내 관심의 강렬한 변이, 곧 고주파다."[108]

바르트의 개념에서 또 다른 흥미로운 것은 우리의 관심을 끄는 디테일이 '의도성'과 무관하다는 것, 그리하여 일종의 '보충물'처럼 발생한다는 것이다. '푼크툼'은 이미 거기 있지만, 아주 작고 우발적인 것이어서 첫눈에 나타나지 않는다. 따라서 우리는 이렇게 말할 수 있겠다. '이차적 시각'은 일차적 시각에 가려진 미세한 것들로서 우리의 봄이 아니라 이미 거기에 있음에 존재한다.[109]

벤야민의 '아우라'와 바르트의 '푼크툼' 개념이 우리에게 말하는 것은 어떤 대상이든 우리의 시선을 벗어나는 '암점暗點'이 있다는 것이다. 우리의 시각으로 포착할 수 없는 무엇, 곧 절대적 타자성이 있다는 것이다. 예컨대 일반적인 사진은 배고픈 사람의 음식이거나 목이 마른 사람의 음료수와 같지만,[110] 예술 작품 사진이나 회화는 우리의 시선을 되돌려주는 까닭에 우리의 시선의 욕망을 결코 채울 수 없다. 발레리는 그 현상을 다음과 같이 설명한다.

　우리는 다음의 사실에 따라 예술 작품을 인식한다. 그것이 우리에게 영감을 주는 어떤 생각으로도, 그것이 우리가 받아들이기를 제시하는 어떤 행동 방식으로도 그것을 소진하거나 없앨 수 없다. 우리는 우리가 좋아하는 동안 기분 좋은, 그러한 꽃의 향기를 맡을 수 있다. 우리가 우리의 감각들을 일깨운 (그) 향기를 우리에게서 없애는 것은 불가능하며 어떤 회상, 어떤 생각, 어떤 행동 방식으로도 그 효과를 없앨 수 없다. 혹은 우리를 붙잡는 향기로부터 우리를 해방시킬 수 없다. 예술 작품을 창조하는 과업을 자임한 자는 그것과 같은 효과를 목표로 삼는다.[111]

벤야민에 따르면 아우라, 곧 사물이 우리의 시선을 되돌려 줄 수 있는 능력을 부여하는 것이야말로 시의 원천이다.

시인이 그렇게 부여한 인간, 동물 혹은 무생물 대상은 눈을 들어 그에게 거리를 두도록 한다. 그렇게 깨어난 자연의 응시는 꿈꾸며 시인을 그 꿈으로 데려간다. 말들도 자신의 아우라를 가질 수 있다. 칼 크라우스는 그것을 이렇게 서술했다. '우리가 말에 더 가까이 가서 볼수록 말은 더 먼 거리에서 우리를 돌아본다.'[112]

'아우라'나 '푼크툼'의 사태에서 우리는 대상을 응시하는 주체가 아니다. 그 사태에서 우리가 응시하는 것은 우리의 시각장에 들어오지 않는 낯선 무엇으로서 우리는 시각 권력을 쥔 능동적 주체라기보다 하나의 존재로서 그 사태에 참여한다. 타자인 대상을 그것의 등가적 존재로서 만난다. 이것이 '사물과 만난다.'는 것의 진정한 의미다. 이러한 존재의 사건은 때때로 우리의 어떠한 노력 없이 전적으로 우발적으로 발생하기도 한다. "텅 빈 하늘로 열린 계단의 어떤 창문은 우리를 은총의 상태로 인도할 수 있다. ⋯ 우리 모두 무한의 관념에 즉각 반응한다."[113]

목적 없이 기다리기

사물을 만나는 것도, 은총을 경험하는 것도 우리가 마음대로 어찌할 수 있는 것이 아니다. 우리의 힘을 넘어서는 일이다. 따라서 우리가 할 수 있는 것은 우리 자신을 주어진 사태에 내맡기는 것이다. 그리하기 위해 우리는 무엇보다 우선 일상의 행위를 멈춰야 한다. 그리고 현실 세계가 미치지 않는 '무시간' 속에 머문 채 사물에 주목해야 한다. "안식의 눈sabbath eyes"114으로 다른 모든 것들에 등 돌린 채 사물을 보편적 관념이 아니라 하나의 특별한 존재로 대해야 한다. 「가지 않은 길」이라는 시로 한국인에게 널리 알려진 미국의 시인 프로스트Robert Frost는 서둘러 가야 할 바쁜 걸음을 멈춘 채 문득 자신 앞에 펼쳐진 사랑스러운 숲의 광경을 「눈 오는 저녁 숲가에 멈춰」에 담고 있다.

이게 누구의 숲인지 알 것 같다.
그의 집이 마을에 있지만
그는 내가 여기 멈춰
눈으로 채워지는 그의 숲을 지켜보는 것을 못 본다.

내 작은 말은 필히 이상하게 여길 것이다
근방에 농가 한 채 없는
숲과 얼어붙은 호수 사이
일 년 중 가장 어두운 저녁에 멈춘 것을.

말이 목줄 방울을 흔든다
무슨 실수를 했는지 묻듯.
다른 소리는 오직 스치는
부드러운 바람과 솜털 눈송이뿐.

숲은 사랑스럽고, 어둡고, 깊다.
그런데 지켜야 할 약속이 있고,
잠들기 전 갈 길이 멀다.
잠들기 전 갈 길이 멀다.

일상은 현실적인 것들로 북적인다. 할 일은 많고, 갈 길 또한 멀다. 우리는 늘 현실에 함몰돼 세계의 신비한 광경을 놓친다. 하얀 눈이 떨어지는 어둡고 적막한 저녁, 문득 걸음을 멈추고 숲을 본다. 어둡고 아름답지만, 홀로 지켜보는 광경은 더 깊다.

사물과 만나는 주목은 하나의 특별한 머묾 혹은 기다림이다. 그것은 목적 없는 기다림이며 사심 없는 머묾이다. 에고

이즘에서 벗어난 수동적 주목이다. 프랑스의 작가이자 비평가 블랑쇼^{Maurice Blanchot}는 이렇게 썼다. "주목은 기다림이다. 노력, 긴장 혹은 우리가 자신에게 관계될 수 있을 무엇 주변에 지식을 펼치는 것이 아니다. 주목은 기다린다. 그것은 텅 빈 것은 텅 빈 대로 둔 채 그리고 우리의 성급함, 우리의 참을 수 없는 욕망, 그리고 심지어 더구나 성급히 채워 넣고자 하는 데서 오는 공허의 공포를 억제한 채 재촉 없이 기다린다."[115] 주목은 '무심한 기다림'이다. 이때 우리는 우리의 주목(생각) 속에 혹은 주목 배후에 '생각 없음'을 마련한다. 그것이 사물과 만나는 데 핵심이다.

> 우리는 이렇게 말할 수 있겠다. 이러한 신비의 본질은 그것이 항상 주목의 이면에 있다는 것이다. 그래서 우리는 이렇게 말할 것이다. 주목의 본질은 신비, 곧 그 자체 안에서 그리고 그 자체를 통해 항상 주목 이전의 것을 보존하는 능력이다. 혹은 다르게 말해 신비는 주목의 중심이다. 그때 주목은 그 자체와 동등하고 완벽하게 동등한 모든 중심의 부재다. … 주목은 주목을 빠져나가는 것의 수용, 예상하지 않은 것에 대한 열림, 어떤 것도 기다리지 않는 기다림이다.[116]

미국의 시인 비숍^{Elizabeth Bishop}은 작은 사물에 대한 "내밀한 시각"이 불러오는 "모든 현상의 놀라운, 불가해한 무상"의 경험을 자신의 시어로 이렇게 썼다. "디테일은 얼마나 감동적인가 / 우리가 무상으로 얻는 작은 것, /우리의 감각이 신뢰하는 작은 것, 대단하지 않지만 / 우리가 머무는 크기쯤"[117] 사물에 대한 무용한 주목인 "내밀한 시각"은 "우리를 대상의 내부로 옮기는 공감"을 통해 사물을 돌연히 다른 시간 속에 대면하게 함으로써 그 속에 숨겨진 것들, 시간 속에 사라지는 것들, 그로써 사물의 고유한 표현할 수 없는 존재와 만나는 낯선 경험을 낳는다. "우리 모두 이 장소를 알았어 /분명히 바로 이 작은 벽지僻地를 /기억할 정도로 오래 봤어 /우리가 여러 해 떨어져 있다니. 얼마나 이상한가."[118]

사물과 만나기 위해 우리는 무지의 상태에 머물러야 한다. 말을 배우는 아이의 영혼이어야 한다. 사물의 이름을 부를 때마다 우리는 사물을 지배하고 사물을 없애기 때문이다.[119] 사물과 만나는 것은 타자와 부딪히는 사태로서 담론 '바깥에' 발생한다. 그러므로 우리는 마치 예술 작품 속에 머무는 법을 배우듯 사물 속에 머무는 법을 배워야 한다. 그로써 사물이 열어 보이는 존재의 풍부한 다양성을 통해 무한성과 연결되는 은총을 경험할 수 있기 때문이다. 독일의 철학자 가다머Hans Georg Gadamer는 이렇게 썼다.

> 예술의 경험에서 우리는 예술 작품에 머무는 특정한 방식을 배워야 한다. 작품에 머물 때 무료함이 끼어들지 않는다. 우리가 자신을 더 오래 (머물도록) 허락할수록 그것은 그것의 다양한 재물을

우리에게 더 많이 보여준다. 예술에 대한 우리의 시간적 경험의 본질은 그러한 방식으로 머무는 법을 배우는 데 있다. 그리고 아마도 그것이 유한의 존재인 우리가 명명하는 영원성에 관계될 수 있도록 베풀어진 유일한 길일 것이다.[120]

존재의 신비가 언제 열릴 지, 은총이 언제 올 지 우리는 알 수 없다. 그런데 한 가지 분명한 사실은 기다리지 않고서는 그것을 결코 경험할 수 없다는 것이다. 언제 올 지 모르는 주인을 기다리는 성경의 하인처럼 시한 없이 기다리는 긴 기다림이 필요하다. 그런데 여기서 중요한 것은 기다리는 행위로 충만한 기다림은 그것만으로 이미 하나의 특별한 사태라는 것이다. 그때 우리는 비로소 우리 자신의 '존재'를 느끼고 '시간'을 경험하기 때문이다. 우리가 시간을 경험할 수 있는 것은 우리가 오직 시간에 대한 욕심이나 의지로부터 벗어나 있을 때, 곧 우리가 원하는 방식으로 시간이 흐르지 않을 때다.[121] 기다림 안에서 우리는 우리 내부에 자율적으로 흐르는 (베르그송의) "지속의 멜로디"에 맞춰 조율된다.[122] 그러한 기다림에서는 시간이 흐르는 것이 아니라 우리가 시간이 돼 흐른다.

프랑스의 철학자 코제브[Alexandre Kojève]에 따르면 헤겔이 이룬 위대한 발견 중 하나는 주체와 객체, 생각(의식)과 리얼리티의 관계를 시간과 존재의 관계로 대체한 데 있다.[123] 인간을 존재(공간)에 대립하는 '시간'으로 파악한 데 있다. 코제브가 독해하는 헤겔에 따르면 인간은 공간(존재)을 파괴함으로써 공간 속에 자신을 보존하는 시간, 곧 비존재 혹은 무다. 그리고 존재는 비시간적 자연으로서, 인간과 무관하며 영원하다. 그에 반해 인간은 공간에 태어나 공간(존재)의 무화無化로 실존하다가 공간에서 소멸한다. 그런데 존재와 일치하지 않는 생각은 거짓이다. 정신이란 "존재와 주체의 일치"이기 때문이다.[124] 따라서 우리는 이렇게 말할 수 있겠다. 존재(공간) 속에 잠긴 인간은 시간으로 머물 때 다르게 말해 영원한 기다림 안에서 비로소 진실로 실존한다.

공허 마주하기

프랑스의 소설가이자 극작가 베케트^{Samuel Beckett}는 자신의 대표작 「고도를 기다리며」에서 실존의 시간성을 통렬하게 보여준다. 거미줄에 단단히 걸린 나방처럼 기다림에 붙잡힌 인간을 극명하게 그려낸다. 세계의 유일한 사물인 나무는 고사^{枯死} 상태이고, 잠깐 출현하는 어린애를 제외한 등장 인물들은 모두 노쇠한 남자다. 그리고 기억도 모두 흐릿해 심지어 고도의 소식을 전해주는 어린애마저 찰나에 가까운 현재에 산다. 그리하여 지나간 일을 복원하는 데 곤란을 겪는다. 삶의 유일한 활동인 기다림의 사태마저 불분명하고 무시로 망각한다. 기다려야 하는 장소, 날짜나 시간, 심지어 대상도 분명치 않다. 놀라운 점은 그 모든 곤란에도 주인공들은 한사코 기다린다는 것이다. 결코 이뤄지지 않지만, 그들에게는 기다림이 유일한 삶의 의미요, 구원이다.

고도^{Godot}를 기다리는 주인공 블라디미르와 에스트라공은 헛된 일임을 감지하면서도 왜 그리 기다림에 매달리는가? 그들은 삶의 무의미성 혹은 공허를 근원적으로 대면할 수 없기 때문이다. 침묵을 견딜 수 없기 때문이다. 그들은 아무 짝에도 쓸모없는 말을, 그리고 대화하고 부를 수 없는 대화를 끝없이 이어간다. 그것은 그로써 생각하지 않기 위해서다. "에스트라공: 그동안 우리 조용히 대화해보자. 우리는 침묵하는 능력이 없으니까. 블라디미르: 네 말이 맞아. 우리는 고갈되는 법이 없어. 에스트라공: 그건 우리가 생각하지 않기 위해서야." 포조의 하인 럭키는 '생각하라'는 명령을 수행할 때 말의 파편들을 쉼 없이 쏟아낸다. 그의 모든 말은 어떤 의미도 남기지 못한 채 대기 속에 사라진다. 말을 포함해 현실 세계의 모든 상징은 앞서 언급한 발레리의 "부서지기 쉬운 다리"다. 어떤 말이나 사물도 그것을 가만히 응시하며, 의미가 연기처럼 사라지면서 벌거벗은 존재, 곧 무가 떠오른다. 현실을 떠받치는 모든 것이 그러하다. 의미는 인간이 작의로 설정한 존재의 허상이기 때문이다. 현실 세계가 그렇듯 인간 자신이 니체의 말처럼 "동물과 위버멘시 Übermensch 사이에 놓인 심연 위의 로프"다. 그러므로 우리는 무의 심연을 대면하기 전에, 공허에 함몰되기 전에, 기표記表에 연결된 기의記意만 챙긴 채 쏜살같이 심연을 지나간다.

고도를 기다리는 주인공들은 미래로 현재를 떠받친다. 도래할 미래는 그것의 불확실성이 자살을 유발할 만큼 강력하다. 그들에게 미래는, 춥고 배고프고 힘겨운 현재를 살아가게 하는 유일한 힘이다. "블라디미르: 고도가 안 오면 우리

내일 목을 매달거야. 에스트라공: 그가 온다면? 블라디미르: 우리는 살게 될 거야." 그리하여 그들의 시간은 고도에 단단히 묶여 있다. "에스트라공: 우리가 묶여 있지 않은지 물어보고 있는 거야. 블라디미르: 묶여 있어? 에스트라공: 묶여 있지. 블라디미르: 묶여 있다는 게 무슨 뜻이야? … 그런데 누구에게? 누구에 의해? 에스트라공: 네가 말하는 사람에게. 블라디미르: 고도? 고도에 묶여 있다! 대단한 생각이야! 질문의 여지가 없지."

그런데 그들이 기다리는 고도는 결코 오지 않는다. 따라서 우리는 이렇게 말할 수 있겠다. 고도란 무의미한 삶을 살게 하는 허구, 현실의 구조와 테두리를 부여해 현실을 안정시키는 환상, 데리다의 표현으로 "메시아 없는 메시아주의"다. 과거의 신은 죽었거나 떠나버렸고, 도래할 신은 모습은 커녕 존재 여부마저 불투명하다.

신의 부재로 인간은 삶의 의미와 가치, 그리고 목적을 잃었다. 생활 세계의 모든 활동은 수단으로 전락했다. 현실 세계를 구성하는 기술과 경제와 정치와 여흥 심지어 휴식마저 자본이라는 이름의 신에 복무하기 때문이다. 인간도 예외가 아니다. 인간 또한 자본을 움직이는 수단이요, 자원이다. 우리의 언어와 이념, 그리고 오락과 환상은, 한마디로 우리의 현실 세계는 견디기 어려운 공허를 은폐하는 가림막이다.

고도의 주인공들은 바깥이 없다. 마지막 대사가 끝나도 그들은 그들이 머물러 온 곳에 머문다. "블라디미르: 자, 우리 갈까? 에스트라공: 그래 가자. (그들은 움직이지 않는다)." 그러므로 그들이 기다리는 구원은 그들 밖이 아니라 안에서 도래해야 한다.

우리도 그렇다. 세계 내 존재인 인간은 자신이 지어낸 세계 안에 머문다. 공간에서 태어나, 거기서 욕망하고, 거기서 말하고, 거기서 행동하고, 거기서 죽는다. 세계의 바깥은 없다. 그런데도 고도의 주인공들이 그렇듯 인간은 바깥에서 도래할 허구적 미래를 요청한다. 동물과 달리 현재에 전적으로 붙잡히지 않는 인간은 칸트의 말처럼 "신이 있는 것처럼"[125] 살 수밖에 없기 때문이다. 영원 속에서만 최상의 선, 곧 도덕적 삶을 충분히 이룰 수 있기 때문이다.[126]

따라서 우리가 취할 방책은 이것이다. 첫째, 지고의 허구를 지을 것. 둘째, 그것을 진리로 착각하지 말 것. 셋째, 그것의 진리성(진리의 성분)을 현실적 효과에서 찾아나갈 것. '지금 여기' 각자 욕망하는 최선의 삶을 살아낼 허구를 지어내는 것이야말로 유일하게 의미 있는 '인간적인 참으로 인간적인' 과제라는 것이다.

블라디미르와 에스트라공에게 고도는 그들이 처한 삶의 상황에서 지고의 허구가 틀림없다. 문제는 그들이 거미줄에 걸린 나방처럼 거기에 단단히 구금돼 바깥의 허구를 지어내지 못한다는 것이다. 지금 여기 삶을 결코 도래하지 않는 구원을 기다리는 데 다 써버린다는 것이다. 문제의 근원은 이것이다. 그들은 의미의 세계에 굳게 정박한 채 발가벗은 존재(공허)를 철저히 외면하고 회피한다는 것, 그리고 그로써 '습관'이 된 기다림 속에 늙어간다는 것이다. "습관은 개를 그의 토사물에 묶어두는 밸러스트다."[127] 그리하여 그들에게는 태어남과 죽음의 사이, 곧 삶이 없다. 연극이 끝날 즈음 우리는 다음의 독백을 듣는다. "블라디미르: … 그런데 이 모든 것에 무슨 진리가 있을까? … 무덤을 타고 걸쳐 앉아 난산難産을 겪는다. 구멍 아래 무덤 파는 일꾼이 꾸물꾸물 곡괭이질 한다. 우리는 늙어가는 시간을 보낸다. 대기는 우리의 외침으로 가득하다. 그런데 습관은 (우리를 둔감하게 만드는) 위대한 진정제다."

우리는 의미(대자) 없는 삶은 살 수 없다. 그런데 존재(즉자) 없는 의미는 우리를 실재로부터 소외한다. 생명 떨리는 몸 경험의 삶을 피상적이게 하거나 환상에 구금한다. 종교(절대 진리로 변한 허구)가 대표적이다. 의심 없는 자기확신이 낳은 근본주의는 현실을 추상하고 우리를 실재로부터 소외한다. 아인슈타인의 말처럼 종교 없는 과학은 궁핍하지만, 과학 없는 종교는 맹목이다. 우리가 진실로 실존하는 것은 혹은 헤겔 철학이 요구하는 절대정신에 도달하는 것은 의미와 존재의 일치다. 혹은 조화다. 칸트의 말처럼 개념 없는 직관은 맹목이지만, 내용 없는 사고는 공허하다. 그러므로 우리는 때때로 의미의 망을 벗어나 존재, 곧 사물 자체를 만나야 한다. 무의미를 대면해야 한다. 무시간의 공허 속에 머물러야 한다. 시는 우리를 존재(의 신비)의 경험으로 인도한다. 미국의 시인 매클리시^{Archibald MacLeish}는 「시학」에서 이렇게 주장한다.

시란 손으로 만질 수 있고 말이 없어야 한다.
둥근 과일처럼

무언無言이어야 한다.
엄지손가락의 오래된 메달처럼

침묵해야 한다.
이끼 자란 창틀 아래 소매 닳은 돌처럼

시는 말이 없어야 한다.
새들의 비행처럼

시란 시간 속에 부동이어야 한다.
달이 떠오르는 것처럼

떠남이어야 한다. 달이
나뭇가지마다 얽힌 밤을 떠나보내듯
떠남이어야 한다. 겨울 뒤의 달이
기억마다 마음 두고 떠나듯

시란 시간 속에 부동이어야 한다.
달이 떠오르는 것처럼

시는 진실이 아니라
진실에 필적하는 것이어야 한다.

모든 슬픔의 역사는
텅 빈 현관과 단풍나무 한 잎이니

사랑은
기대는 풀잎들과 바다 위 두 불빛이니

시란 의미하는 것이 아니라
존재이어야 한다.

무시간이 현상할 공간 짓기

영혼의 집은 무엇으로 어떻게 짓는가? 집은 물질로 이뤄진 장소이자 공간이다. 그에 반해 인간은 '시간'으로 실존한다. 여기서 '시간'이란 현실 세계의 손익을 계산하는 객관적 시간이 아니라 의식 혹은 고독한 존재의 떨림에 따라 늘어지고 줄어드는, 때로는 멈추는 내면세계의 주관적 시간을 가리킨다. 실존의 경험은 곧 시간(성)의 경험이다.

> '실존에 대한 고양된 감정'이나 '삶의 풍부성에 대한 감사'는, 내가 시간의 주인이라는, 그리고 시간을 충분히 만족스럽게 썼다는 자기긍정의 의식과 감정에서 나온다. 그것이 곧 열정의 삶이다. 그것은 들뢰즈가 「시네마 2」에서 '이 세계에 대한 믿음'으로 표현한, '몸에 대한 믿음'이기도 하다. 그리하여 빠져나가고 들어오는 순간들을 그저 흘려보내지 않고 알뜰하게 챙긴다. 존재의 알뜰한 챙김이야말로 진짜 사는 것이다. 그때 충만한 삶에 대한 감사가 온몸에 동물적으로 퍼진다.[128]

우리가 진실로 살아가고 있다는 생생한 느낌, 곧 '살아 있음의 감각'은 우리 자신을 시간의 존재로 의식하고 감각하고 경험할 때 주어진다. 그런데 그것은 역설적으로 무에 다가설 때, 곧 죽음(사태) 앞에서 가장 진실하고 생생하다.

우리가 야생의 존재로 출현하는 것은 '무시간'에서다. 거기서 오직 톨스토이의 주인공 '이반 일리치'처럼 전 존재적 시간을 대면하는 순수존재가 된다. 그것은 20세기 마지막 프랑스의 철학 거두 데리다^{Jacques Derrida}의 표현으로 '마치 죽은 것처럼' 존재하는 사태다. 우리는 그때 비로소 사물과 만난다. 데리다는 이렇게 썼다.

> 마치 죽은 것처럼 행동하는 … 그런데 네가 온전히 죽지 않고 있을 때 죽어 있다는 것은 무엇을 뜻하는가? 그것이 뜻하는 것은 네가 사물들을 사물들이 그러함으로 존재하는 방식으로 본다는 것이다. 그러함으로서의 대상을 지각하는 것이 시사하는 것은 네가 대상을 그것이 있는 대로 혹은 네가 거기 없을 때 마땅히 있는 방식으로 지각하는 것이다. 병瓶을 그러함으로 본다는 것은 병이 내가 없이 존재할 법하는 대로 보는 것을 뜻한다. 만약 내가 죽는다면 병은 그것이 있는 그대로 동일한 색, 동일한 한결같음 등으로 있을 것이다. 그래서 그러함으로서의 대상과 관계하는 것은 네가 마치 죽은 것처럼 그것과 관계하는 것을 뜻한다. 그것이 최소한 가장 인습적인 의미에서 진리의 상태, 지각의 상태, 객관성의 상태다.[129]

영혼은 '무시간'에 거주한다. 현실 세계의 이면 혹은 공백에 은폐된 영혼, 곧 "불가능한 '나'"는 거기서 숨쉰다. 시는 바로 그것의 현재성(존재)을 출현시킨다. "시는 어떤 식으로든 말들로 혹은 쓰기 행위를 통해 ⋯ 우리가 우리의 인간적 자아 바깥으로 나올 수 있게, 우리의 내면에 있는 낯선 것을 볼 수 있게, 생명의 '그러함' 혹은 존재하는 바의 '사물 자체'를 제시할 수 있게" 한다.[130] 따라서 스티븐스는 이렇게 잘라 말한다. "시 없는 삶은, 사실 무허가 삶이다."[131] 영국의 시인 셸리Percy Bysshe Shelley는 이렇게 단정한다. "시인은 세계의 공인되지 않은 입법자다."[132] 그러므로 시작詩作인 건축은 종국적으로 공간이라기보다 시간을 짓는, 더 정확히 말해 '무시간'을 짓는, 좀 더 정확히 말해 '무시간'이 현상할 공간을 짓는 기예다.

시간을 짓는 건축은 "기다림과 초월과 반복의 미학", "오랜 기다림으로 때가 이르고서야 어김없이 돌아오고 돌아오는 하늘과 땅이 이루는 시학이다."[133] 인간이 지어낸 가장 탁월한 시간의 건축은 안식일이다. 신이 천지를 창조했다고 믿는 일곱 번째 날인 안식일은 금요일 해가 지면 무조건 개시된다. 세속사가 중단되고 초월적 시간이 펼쳐진다. 안식일은 그리하여 '영원'이 머무는 위대한 성당으로 변한다. 자연 또한 그렇다. 인간의 선형적 시간이 아니라 순환적 시간을 따르는 자연은 오직 자신의 리듬으로 흐른다. 꽃피는 봄,

태양이 작열하는 여름, 단풍 드는 가을, 춥고 앙상한 겨울의 반복적인, 그래서 어림 가능한 순환은 절대적이다. 종잡을 수 없는 기후와 시시각각 달라지는 풍경은 절기와 더불어 존재의 생성을 드러내는 자연의 은총이다.

영혼의 집을 짓는 건축적 과제는 그것을 충만히 받아들이는 열린 공간을 마련하는 것이다. 시간은 절대적이나 보이지 않으므로 그 절대적 시간이 드러내는 빛과 그림자, 그리고 소리의 풍경을 담아내는 배경을 짓는 것이다. "천문학에 정통한 마야 문명의 쿠쿨칸^{Kukulcan} 피라미드는 춘분과 추분의 태양이 (북쪽 계단에) 그림자를 드리우면서 (신성한) 뱀의 형상으로 변한다. 영국의 스톤헨지^{Stonehenge}는 동지의 일몰과 하지의 일출과 하나의 축을 이루며 정렬돼 있다. 미국 아리조나 안템^{Anthem}의 '안템 참전용사 기념비^{Anthem Veterans Memorial}'는 매년 참전 용사 기념일인 11월 11일 오전 11시 11분, 햇빛이 다섯 개의 직사각형 판에 뚫린 다섯 개의 타원형을 관통해 하나의 완벽한 원을 이루며 미국 국새 모자이크만 정확히 비춘다. '구조(역학)의 시인'으로 불러 마땅한 건축가 칼라트라바^{Santiago Calatrava}는 테러가 발생한 9월 11일 아침, 태양 고도에 맞춰 디자인한 뉴욕의 WTC 지하철역 입구 구조물은 매년 그 시점 햇빛을 바닥에 영접한다."[134]

영혼의 집은 무엇보다도 진정한 존재의 신비를 경험하는 장소이자 공간이다. 그런 까닭에 인간이 내몰아낸 순수 공간을 불러들이는 장소, 다른 말로, 정치, 사회, 경제 등 인간적인 모든 것이 적멸된 공간이어야 한다. 그런데도 신비의 은총은 인간의 헤아림을 넘어선 곳에서 온다. 성경이 말하듯 우리가 잠들었을 때 도적처럼 온다. 따라서 우리는 그저 때때로 사물을 지켜볼 수밖에 없지만, 성경이 말하듯 항상 등불을 든 채 언제 올 지 모르는 주인을 기다리는 하인처럼 오래 기다리며 사물이 되는 연습을 해야 한다.

프랑스의 작가 로브그리예Alain Robbe-Grillet에 따르면 플로베르는 '아무것도 없는 데서 무언가를 만들어내는 것'을 오랜 야심으로 삼았다.[135] 미국의 작가 딜라드Annie Dillard는 돌에게 말하는 법을 가르치는 사람의 이야기를 들려준다.[136] 래리Larry는 손바닥만 한 돌을 해변에서 주워 와 하루에도 몇 번씩 레슨하는 의례를 실행한다. 돌에게 말을 가르치겠다는, 누가 봐도 쓸데없을 뿐 아니라 어처구니없는 래리의 행위는, 딜라드가 해석하건대 자의식을 내려놓는 희생으로서 다른 일만큼이나 고귀하다. 래리가 매일 실행하는 그 의례가 다른 측면에서 고귀한 것은, 래리는 그것을 자신과 별거 중인 아내와 함께 사는 어린 아들에게 전수해 자신의 사후에도 그 의례가 이어져 언젠가 열매를 맺게 하겠다는 것이다.

러시아의 영화 감독 타르콥스키Andrei Tarkovskij가 자신의 아들

을 위해 "희망과 확신을 갖고" 만들었다는 〈희생〉은 주인
공 알렉산더가 자신의 아들 고센에게 들려주는 다음 이야
기로 시작된다. 아주 먼 옛날 한 수도원에 늙은 수도승은 죽
은 나무 한 그루를 산에 심고서 자신의 제자에게 "나무가
다시 살아날 때까지 매일같이 물을 주도록"이라고 당부했
다. 제자는 매일 이른 아침 물통에 물을 담아 산에 올라가
그 죽은 나무에 물을 주고 저녁이 돼야 수도원으로 돌아왔
다. 그리하기를 3년이 지난 어느 날 나무에 꽃이 만발한 것
을 봤다. 고사한 나무를 심으며 이 이야기를 마친 알렉산더
는 자신의 아들에게 이렇게 가르친다. "만약 매일같이 정확
히 같은 시간에 같은 행동을 반복한다면 (늘 꾸준하게 의식
과 같이 한다면) 세상은 변하게 될 거다. … 만약 어떤 사람
이 정확히 아침 7시에 일어나 욕실로 가서 물을 한 잔 받은
후 변기 속에 붓는 일이라도 매일 계속한다면 (끝없이 노력
하면) 결실을 얻는 법이지." 영화의 마지막 장면은 이렇게
끝난다. 실어증에 걸려 말을 못하는 아들은 아버지가 심은
죽은 나무에 물을 주고서 나무 밑에 자신이 올려둔 돌을 베
고 누워 하늘을 보며 처음으로 이렇게 묻는다. "태초에 말
씀이 있었다는데, 아빠! 그게 무슨 뜻이죠?"

스티븐스에 따르면 플라톤은 '천상을 날아다니는 날개 달
린 천사'라는 영혼의 관념을, 그것이 사실이어서가 아니라
그와 반대로 그것이 창조된 허구인 까닭에 고수하고 강화

했다.[137] 비현실, 곧 허구가 더 진실하다고 믿었기 때문이다. 로브그리예에 따르면 소설가들은 진짜 세계에 관심을 둔 채 '실재'를 창조하고자 애쓴다. 그리하여 리얼리즘이라는 이름으로 항상 문학적 변혁을 도모한다. 그것은 창조된 실재가 시간이 흐르면서 생명력을 잃기 때문이다.[138] 소설가는 세계와 인간을 '창안'하고, 그로써 현실세계를 '심문'한다. 그뿐 아니라 그로써 기성의 현실보다 더 생생하고 진짜인 현실을 경험하게 한다.[139]

허구가 중요한 것은 그것이야말로 우리를 현실보다 더 중요한 진짜 세계로 인도하기 때문이다. "현재의 세계와 진짜 세계가 있을 것이다. 첫 번째는 오직 가시적 세계지만, 두 번째는 오직 중요한 세계. 소설가의 역할은 중재자다. 그는 (그 자체로는 전적으로 헛된) 가시적 사물들의 가짜 묘사로써 그 뒤에 숨겨진 '리얼리티'를 종종 환기한다."[140] 유대계 독일인 작가 카프카Franz Kafka는 산책 중에 "별 의미 없을 뿐 아니라 의미가 삭제된 듯 보이는 단순한 단편들"에 주목하고, 그것들을 자신의 일기에 간직한다. 예컨대 "아무 이유 없이 도로 한복판에 내버려진 돌, 어떤 기능이나 정확한 의도에도 부합하지 않아 보이는 불완전하고 어색한 행인의 괴상한 몸짓, 용도로부터 떨어져 나온 대상들의 부분, 굳어버린 순간들, 문맥에서 분리된 말들 혹은 빗겨난 대화들, 약간 거짓 같고 '자연스러움'을 결핍하는 모든 것" 등이다. 소

설가에게 가장 진실하게 울리는 것은 정확히 그것이다.[141]

그런데 로브그리예에 따르면 허구가 우리를 (더) 진실한 세계로 인도하는 것은 디테일에 의해서다. "환각을 초래하는 효과는 신비나 안개가 아니라 비상한 명료성으로부터다. 궁극적으로 정밀성보다 더 환상적인 것은 없다." 카프카의 계단은 우리를 이상한 곳으로 데려가겠지만, 우리가 그 계단에 발걸음을 하나씩 옮기는 것은 계단과 계단 난간의 상세에 따라서다.

영혼의 집은 신비의 은총이 찾아드는 기다림의 공간이다. '무시간', 곧 "시간이어야 할 시간"을 품는 공간이다. 우리는 오직 그때 가장 진실하게 실존하는 까닭에. "돌이 애써 꽃 피울 시간이다. /불안으로 심장이 뛸 시간 /시간이어야 할 시간 //시간이다." 독일의 시인 첼란Paul Celan의 시 「코로나」의 일부다.

○ 에필로그

다시 정신으로

원고를 탈고하는 시간. 세상은, 특히 우리 세상은 전보다 더 어지럽고 더 곤란한 형국이다. 그런데 세상이 평화와 기쁨으로 머물 때가 언제 잠시라도 있던가? 단 한 번이나마 진실하고, 정의롭고, 아름다웠던 적이 있던가? 인간 세상이 그럴 일은 영원히 없을 것이다. 우리가 탐진치貪瞋癡에 묶여 탐내어 그칠 줄 모르는 욕심, 마음에 맞지 않는 경계에 부딪쳐 내는 미움과 화, 그리고 사리를 판단하지 못해 저지르는 어리석음으로부터 충분히 자유롭지 못하기 때문이다. 그러니 구름이 제 길 가듯 우리는 어떤 세상이든 일정한 거리를 유지한 채 우리 자신의 삶을 여여히 사는 데 마음 쓰는 편이 현명하리라. 인간으로서 마땅히 살아야 하는 삶을 충실히 살려고 애쓰는 것이 옳을 것이다. 심지어 세상이 멸망하는 중이어도 우리에게 주어진 생명, 곧 은총의 시간을 소중히 써야 할 것이다. 언제일지 모를 죽음을 맞는 순간까지 우리 자신의 영혼이 요구하는 방식으로 살아야 할 것이다. 그것이야말로 생명 지닌 인간이 마땅히 살아야 하는 존귀한 방식이기 때문이다. 우리는 비록 물질로 이뤄진 존재지만,

우리 몸을 이루는 원소들은 우주에서 왔으며, 그로써 우리는 우주적 존재에 참여하는 정신이다. 우리는 어떤 이의 말처럼 인간으로서 가끔 영성을 경험하는 것이 아니라 영적 존재로서 잠시 인간의 삶을 경험하고 있는지 모른다.

영혼이 부재한 시대에 '영혼의 집'을 짓기 위해 나는 애초에 스토이시즘을 염두에 뒀다. 멜릭Terrence Malick이 만든 〈씬 레드 라인〉의 주인공 위트의 고요한 눈빛이 무척 평온했기 때문이다. 삶과 죽음이 풍전등화인 전쟁의 상황조차 그의 고요한 정신을 어찌할 수 없다. 그 비밀을 스토이시즘에서 찾을 수 있기 때문이다. 스토이시즘은 번잡한 속세에서 영혼의 기쁨을 누리며 살 수 있는 현실 세계의 지혜다. 대부분 아파테이아apathia를 '금욕과 냉정'으로 오인하는 스토이시즘은 삶의 모든 사태를 우리 자신이 어찌할 수 있는 부분과 통제를 벗어난 부분으로 나눈다. 그리고 전자에 속하는 의식을 이성적으로 명철하게 유지함으로써 우리가 어찌할 수 없는 사태들을 고요하게 받아들이는 것을 목표로 삼는다.

나는 이 책을, '생활 세계 짓기' 시리즈로 앞서 낸 『시적 공간』, 『살아있는 시간』, 『깊은 이미지』를 각각 허구, 기다림, 우아함의 개념으로 숙고한 것을, 2018년에 낸 『영혼의 말』을 잇고 확장하는 방식으로 썼다. 물질주의와 피상적 오락에 중독된 스마트폰 좀비를 양산하는 우리의 생활 세계를 건강하게 회복할 수 있는 길은 우리 내면에 구금된 영혼을 챙겨 살피는 데 있다고 생각한다. 그리하는 데 가장 효과적 방책으로 시적 정신을 회복하는 일이 긴요하다고 생각한다. 우리는 늘 현실의 다급한 경제 문제로 압박받지만, 그보다 더 절박하고 절실한 것은 하루하루 인간답게 살고 인간답게 죽는 일이다. 거기에 시적 태도는 가히 필수적이라고 생각한다. 그리하여 존재와 의미의 관계를 깊이 통찰한 스티븐스^{Wallace Stevens}, 특히 이번에는 시론 혹은 시학이라 할 수 있는 그의 마지막 에세이 「필요한 천사」에 크게 기댔다. "집은 조용하고 세상은 고요합니다.", "그러나 당신은 우리 너머 있으면서도 우리 자신인 선율을 연주해야 합니다." 각각 스티븐스의 두 다른 시에 나오는 문장이다.

후주

1) Augustinus, Aurelius. *Augustine: Confessions and Enchiridion.* Ed. and trans. by Outler, Albert Cook. The Westminster Press, 2006, p.34.

2) Heidegger, M. *Poetry, Language, Thought.* trans. by A. Hofstadter, Harper & Row Publishers, 1971, p.161.

3) 이종건, 『시적 공간』, 궁리, 2016, 21쪽.

4) Heidegger, M. 앞 책, p.215.

5) Stevens, Wallace. "Notes Toward a Supreme Fiction," in *The Palm at the End of the Mind..* ed. by Holly Stevens, Vintage, 1972, p.210.

6) Heidegger, M. 앞 책, pp.221~226.

7) Guattari, F. *Chaosmosis: An Ethico-Aesthetic Paradigm.* Indiana University Press, 1995. p.101.

8) *Magritte, René.* Ed. by Roony, K. and Plattner, E.. trans. by Jo Levy. *René Magritte: Selected Writings.* University of Minnesota Press, 2016, p.55.

9) Rousseau, Jean-Jacques. *The Confessions.* feedbooks(http://www.gutenberg.org), p.9.

10) Ed. by Parr, Adrian. *The Deleuze Dictionary: Revised Edition.* Edinburgh University Press, 2010, p.25.

11) 「어릴 때부터 배워가는 '사는 집'의 계급」, 경향신문, 2019년 6월

15일자.

12) Ed. by Roony, K. and Plattner, E.. 앞 책, p.xvii.

13) 앞 책, p.195.

14) Ed. by Yarrow, Ralph. *Sacred Theatre*. Intellect Books, 2007, p.21.

15) Dadosky, John D. *The Structure of Religious Knowing: Encountering the Sacred in Eliade and Lonergan*. State University of New York Press, 2004, p.64.

16) Ed. by Yarrow, Ralph. 앞 책, p.38.

17) Wilber, Ken. *The Spectrum of Consciousness*. (Quest Books, 1977), Ken. Quest Books(Kindle Edition), 1977, p.8.

18) 앞 책, p.3.

19) 앞 책, p.47. 주체의 정신이자 주체와 세계가 일치하는 정신을 가리키는 헤겔의 '절대정신'이 바로 그것이다.

20) 앞 책, p.40. 슈뢰딩거는 이렇게 썼다. "당신은 어머니 대지와 함께 하나며 어머니 대지는 당신과 함께 하나라는 확실한 확신을 갖고 땅에, 어머니 대지에 활짝 펴고 누울 수 있다." 앞 책, p.42.

21) Jeans, James. *The mysterious universe*. Cambridge University Press, 1948, p.137.

22) 앞 책, p.111.

23) Jeans, James. *Physics and Philosophy*. Cambridge University Press, 1948, p.174.

24) "Giambattista Vico (1668~1744)." *Internet Encyclopedia of*

Philosophy. https://www.iep.utm.edu/vico/

25) Jeans, James. *The mysterious universe.* Cambridge University Press, 1948, p.126.

26) 앞 책, p.137.

27) Jeans, James. *Physics and Philosophy.* Cambridge University Press, 1948, p.183.

28) 앞 책, p.108.

29) 앞 책, p.175.

30) Hawking, Stephen. *A Brief History of Time.* A Bantam Book, 1998.

31) Jeans, James. *Physics and Philosophy.* Cambridge University Press, 1948, p.106. "상대성이론의 4차원 연속체는 큰 규모의 현상을 포함하는 몇몇 자연현상과 자유공간의 광선만 들어맞고, 다른 현상들은 그 연속체 바깥으로 나가야 표상할 수 있다." 앞 책, p.109.

32) 후설이 개시한 현상학은 바로 거기서 시작한다.

33) Navickas, Joseph L. *Conscious and Reality: Hegel's Philosophy of Subjectivity.* Martinus Nijhoff, 1976, p.9.

34) 앞 책, p.309. 헤겔에게는 종교적 경험이 주체가 자기 자신을 구성해가는 성장의 최종 단계의 표식이다. 그 이후의 의식의 형태는 온전한 정신성의 출현으로서 더는 이런저런 단편적 의식이 아니라 하나의 영구적으로 성숙한, 절대적 입지다. 앞 책, p.258.

35) Wallace, Robert. M. *Hegel's Philosophy of Reality, Freedom, and God.* Cambridge University Press, 2005, pp.308~309.

36) Pippin, Robert B. "The ''logic of experience' as 'absolute knowledge' in Hegel's Phenomenology of Spirit." In Ed. by Moyar, Dean and Quante, Michael. *Hegel's Phenomenology of Spirit: A Critical Guide.* Cambridge University Press, 2008, p.212.

37) 앞 책, p.221.

38) Navickas, Joseph. 앞 책, p.21.

39) 앞 책, p.28.

40) der Braak, André van. *Nietzsche and Zen: Self-Overcoming without a Self.* Lexington Books, 2011, p.84.

41) Watts, Alan W. *The Spirit of Zen.* Grove Press, 1958, p.57.

42) der Braak, André van. 앞 책, p.85.

43) Watts, Alan W. *The Way of Zen.* Pantheon Books, 1957.

44) der Braak, André van. 앞 책, p.8.

45) Ed. by Heine, Steven. *Zen and Comparative Studies.* Macmillan Press, 1997, p.48.

46) 선불교에는 깨달음을 찾아가는 과정을 10개 그림으로 그린 십우도十牛圖가 있다. 그 선화禪畵의 마지막 열 번째 그림은 '시장에 들어가 손을 내밀다.'라는 의미를 나타내는 '입전수수入廛垂手'다.

47) 삶과 죽음은 별개의 것이 아니라 앞면과 뒷면을 이루는 종이 한 장처럼 뗄 수 없이 서로 얽혀 있다. 죽음은 삶 이후에 오는 것이 아니라 삶의 모든 순간에 동시에 존재한다. "우리의 삶은 죽음을 향해 가는 움직임이 아니라 끊임없는 '삶-죽음'의 과정이다. 앞 책, p.35.

48) '더는 나눌 수 없는'을 뜻하는 라틴어 "in-dividuus"가 오늘날의 '개인individual'의 의미로 발전한 것은 19세기다.

49) 인간의 본질 혹은 정의는 인간 바깥으로부터 주어져 인간이 거기에 따라 사는 것이 아니라 인간의 삶의 현장에서 생겨난다. 말이 있고 문법이 생기듯 삶은 개념에 앞선다.

50) Bergson, Henri. *The Two Sources of Morality and Religion.* Trans. by R. Ashley Audra and Cloudesley Brereton. University of Nortre Dame Press, 1935, p.275.

51) Fukuyama, Francis. Identity: *The Demand for Dignity and the Politics of Resentment*, Farrar, Straus and Giroux, 2018.

52) 앞 책, p.284.

53) 앞 책, p.291.

54) 앞 책, p.300.

55) 앞 책, p.317.

56) Hegel, G. W. F. *Lectures on the History of Philosophy: Greek Philosophy to Plato.* Trans. E. S. Haldane. University of Nebraska, 1995, xli.

57) Stevens, Wallace. *The Necessary Angel: Essays on Reality and the Imagination.* Alfred A Knopf, 1951, pp.20~22.

58) 앞 책, pp.3~4.

59) 앞 책, p.36.

60) 앞 책, p.29.

61) 워즈워드(William Wordsworth)의 시 「웨스트민스터 다리 위에

서(Composed upon Westminster Bridge, September 3, 1802)」의 일부.

62) Leopardi, Giacomo. *Zibaldone*. Farrar, Straus and Giroux. Kindle Edition.

63) Weil, Simone. *Gravity and Grace*. Trans. by Emma Crawford and Mario von der Rhur. Taylor & Francis e-Library, 2003, p.180.

64) Bachelard, Gaston. *The Poetics of Reverie*. Trans. by Daniel Russell. Beacon Press, 1960, p.13.

65) 그래도 지구는 평평하다(Behind the Curve), 2018.

66) '더닝 크루거 효과'는 코넬대학교의 데이비드 더닝과 저스틴 크루거가 1999년 제안한 것으로서 지적 능력이 낮아 잘못된 결론에 도달해도 바로 그 지적 능력의 수준 때문에 결론이 안고 있는 문제를 제대로 파악하지 못하는 현상을 가리킨다. 그들은 "무지는 지식보다 더 확신을 갖게 한다."는 다윈Charles Darwin의 말과 "이 시대의 아픔 중 하나는 자신감이 있는 사람은 무지하지만, 상상력과 이해력이 있는 사람은 의심하고 주저한다."는 러셀의 말을 인용한다.

67) Stevens, Wallace. 앞 책, p.7.

68) Frye, Northrop. *Anatomy of Criticism*. Princeton University Press, 1957, p.33.

69) Weil, Simone. 앞 책, pp.1~3.

70) Feshbach, Sidney. "The Structural Modes of Wallace Stevens' 'The Noble Rider and the Sound of Words'." *The*

Wallace Stevens Journal, Vol. 28, No. 1, A Publication of The Wallace Stevens Society, Inc., Spring 2004, p.84.

71) Stevens, Wallace. 앞 책, p.34.

72) Shelley, Percy Bysshe. *A Defence of Poetry*. The Botts-Merrill Company, 1904, p.81.

73) Milani, Raffaele. *The Aesthetics of Grace: Philosophy, Art, and Nature*. Trans. by Corrado Federici. Peter Lang Publishing, 2013, p.8.

74) Gooch, Todd A. *The Numinous and Modernity: An Interpretation of Rudolf Otto's Philosophy of Religion*. Walter de Gruyter, 2000, p.210.

75) Weil, Simone. 앞 책, p.11.

76) 앞 책, p.xxii.

77) Milani, Raffaele, 앞 책, p.66.

78) Cimino, Cristiana. Book Reviews. "La menta estatica[The Ecstatic Mind] by Elvio Fachinelli." *Institute of Psychoanalysis*, 2010, pp.1022~1025.

79) Gooch, Todd A. 앞 책, p.113.

80) Milani, Raffaele, 앞 책, pp.62~63.

81) Lewis, H. D. 앞 책, pp.147~155.

82) 앞 책.

83) 앞 책.

84) Stevens, Wallace. 앞 책, p.65.

85) 실러에 따르면 그리스인에게 우아함은 운동을 통한 영혼의 아름다운 표현이다. Schiller, Johann Cristoph Friedrich Von. *On Grace and Dignity*. Trans. by George Gregory. Schiller Institue, Inc., 1992, p.341.

86) Bergson, Henri. *Laughter: An Essay on the Meaning of the Comic*. The Project Gutenberg eText, 2003, p.21.

87) Segal, Jerome M. *Graceful Simplicity: Towards a Philosophy and Politics of Simple Living*. University of California Press, 2003, p.6.

88) 리오타르는 이렇게 썼다. "(문학을 포함해) 현대 예술이 추동력을 찾고 아방가르드의 논리가 공리를 찾는 것은 숭고의 미학에서다." Lyotard, Jean-François. *The Inhuman: Reflections on Time. Trans.* by Geoffrey Bennington & Rachel Bowlby. Polity, 1991, p.77.

89) Milani, Raffaele, 앞 책, p.142.

90) Winckelmann, Johann Joachim. *Reflections on the Painting and Sculpture of the Greeks: With Instructions for the Connoisseur, and An Essay on Grace in Works of Art*. Trans. by A. M. Henry Fusseli. A. Millar, 1765, p.273.

91) Burke, Edmund. *A Philosophical Enquiry into the Origin of our Ideas of the Sublime and Beautiful*. Ed. by Adam Phillips. Oxford University Press, 1990, p.109.

92) Schiller, Johann Cristoph Friedrich Von. 앞 책, p.350.

93) 앞 책, p.353.

94) 앞 책, p.354.

95) 앞 책, p.377.

96) 앞 책.

97) 앞 책, p.380.

98) 앞 책, p.385.

99) Virilio, P. *The Information Bomb*. Verso, 2000, p.67.

100) 이종건, 『살아있는 시간』, 궁리, 2016, 47~49쪽.

101) 황수영, 『물질과 기억, 시간의 지층을 탐험하는 이미지와 기억의 미학』, 그린비. 2006. 134쪽.

102) Benjamin, Walter. "On Some Motifs in Baudelaire." *Illuminations*. Schocken Books, 2007, p.158.

103) Valery, Paul. "Poetry and abstract thought." *The Kenyon Review*, Vol. 16, No. 2 (Spring, 1954), pp.208~233.

104) Benjamin, Walter. 앞 책, pp.188~189.

105) 앞 책, p.188.

106) Barthes, Roland. Camera Lucida: *Reflections on Photography*. Trans. by Richard Howard. Hill and Wang, 1982, pp.25~26.

107) 앞 책, p.26.

108) 앞 책, p.49.

109) Benjamin, Walter. 앞 책, p.47.

110) 앞 책, p.187.

111) 앞 책, pp.186~187.

112) 앞 책, p.200.

113) Milani, Raffaele, 앞 책, pp.62~63.

114) Adorno, Theodor. *Minima Moralia: Reflections on a Damaged Life*. Trans. by E. F. N. Jephcott. Verso, 2005, p.76. 아도르노에 따르면 특별한 것의 마주침은 진리의 사태에 근접한다. "우리는 거의 이렇게 말할 수 있겠다. 진리 자체는 빠르기, 곧 특별한 것과 함께 서성이는 인내와 끈기에 달려 있다." p.77.

115) Blanchot, Maurice. *The Infinite Conversation*. Trans. by Susan Hanson. University of Minnesota Press, 2003, p.121.

116) 앞 책.

117) Schweizer, Harold. *On Waiting*. Routledge, 2008, p.75.

118) 앞 책, p.78.

119) 앞 책, p.xxvi.

120) Gadamer, Hans-Georg. *The Relevance of the Beautiful and Other Essays*. Trans. by Nicholas Walker, Cambridge University Press, 1986, p.45.

121) Schweizer, 앞 책, p.16.

122) 앞 책, p.127.

123) Kojève, Alexandre. *Introduction to the Reading of Hegel: Lectures on the Phenomenology of Spirit*. Trans. by James H. Nicholas, Jr. Cornell University Press, 1980, p.155.

124) 앞 책, p.154.

125) Kant, Immanuel. *Lectures on Logic*. Trans. J. Michael Young, Cambridge University Press, 1992, p.590.

126) Kant, Immanuel. *Critique of Practical Reason*. Trans. Mary Gregor, Cambridge University Press, 2015, p.100.

127) Beckett, Samuel. Proust. Grove Press, 1990, p.8.

128) 이종건, 『살아있는 시간』, 112~113쪽.

129) Derrida, Jacques. "As if I were Dead: An Interview with Jacques Derrida." *In Applying: To Derrida*. Eds. John Brannigan, Ruth Robbins and Julian Wolfreys. Macmillan, 1996, p.216.

130) Dickinson, Colby. "The Logic of the 'As If' and the Existence of God: An Inquiry into the Nature of Belief in the Work of Jacques Derrida." *Derrida Today*, 4, 2011. Retrieved from *Loyola eCommons*, Theology: Faculty Publications and Other Works, p.15.

131) Ed. by Stevens, Holly. *Letters of Wallace Stevens*. University of California Press, 1981, p.299.

132) Shelley, Percy Bysshe. 앞 책, p.90.

133) 이종건, 『살아있는 시간』, 118~119쪽.

134) 앞 책.

135) Robbe-Grillet, Alain. *For A New Novel: Essays on Fiction*. Trans. by Richard Howard, Grove Press, Inc., 1965, p.162.

136) Dillard, Annie. *Teaching a Stone to Talk*. HarperCollins e-books, 2007.

137) Stevens, Wallace. 앞 책, p.6.

138) Robbe-Grillet, Alain. 앞 책, pp.157~158.

139) 로브그리예는 한때 현실적인 것에 의해 희생된 경험을 들려준다. 비평가상 수상작 「엿보는 사람Le Voyeur」을 쓸 때 바다갈매기의 비행을 정확히 묘사하고 싶어서 어느 해안으로 나갔다. 진짜 갈매기의 비행 모습을 봐야겠다고 여겼기 때문이다. 갈매기를 보자마자 그 생각이 '오류'라는 것을 깨달았다. 자신에게 필요한 갈매기는 진짜가 아니라 상상의 갈매기이었기 때문이다. 그가 보기에 자신이 그려낸 갈매기는 상상인 까닭에 더 진짜다. 앞 책, pp.161~162.

140) 앞 책, pp.164~165.

141) 앞 책, pp.163.

지금은 집을 지을 시간

초판 1쇄 발행 2020년 3월 9일

지은이   이종건

편집   김유정
디자인   문유진

펴낸이   김유정
펴낸곳   yeondoo
등록   2017년 5월 22일 제300-2017-69호
주소   서울시 종로구 자하문로 208-13 301호
팩스   02-6338-7580
메일   11lily@daum.net

ISBN   979-11-961967-9-0 03100

이 도서의 국립중앙도서관 출판예정도서목록(CIP)은 서지정보유통
지원시스템 홈페이지(http://seoji.nl.go.kr)와 국가자료공동목록시
스템(http://www.nl.go.kr/kolisnet)에서 이용하실 수 있습니다.
(CIP제어번호:CIP2020005263)